좋은 선택
나쁜 선택

최희탁 지음

좋은 선택, 나쁜 선택

: 합리적인 선택을 위한 데이터 바로 읽기

초판발행 2019년 02월 01일

지은이 최희탁 / **펴낸이** 김태헌

펴낸곳 한빛미디어(주) / **주소** 서울시 서대문구 연희로2길 62 한빛미디어(주) IT출판사업부

전화 02-325-5544 / **팩스** 02-336-7124

등록 1999년 6월 24일 제25100-2017-000058호 / **ISBN** 979-11-6224-140-0 93000

총괄 전태호 / **책임편집** 전정아 / **기획·편집** 송성근

디자인 표지·내지 김연정 / **조판** 김미경

영업 김형진, 김진불, 조유미 / **마케팅** 송경석, 김나예 / **제작** 박성우, 김정우

이 책에 대한 의견이나 오탈자 및 잘못된 내용에 대한 수정 정보는 한빛미디어(주)의 홈페이지나 아래 이메일로
알려주십시오. 잘못된 책은 구입하신 서점에서 교환해 드립니다. 책값은 뒤표지에 표시되어 있습니다.

한빛미디어 홈페이지 www.hanbit.co.kr / **이메일** ask@hanbit.co.kr

지금 하지 않으면 할 수 없는 일이 있습니다.

책으로 펴내고 싶은 아이디어나 원고를 메일(writer@hanbit.co.kr)로 보내주세요.

한빛미디어(주)는 여러분의 소중한 경험과 지식을 기다리고 있습니다.

합리적인
선택을 위한
데이터
바로 읽기

좋은 선택
나쁜 선택

최희탁 지음

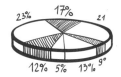

HB 한빛미디어
Hanbit Media, Inc.

선택에 대한 글을 써야겠다고 결심한 것은 7~8년 전 우연히 읽은 두 권
의 책 때문이다.

한 권은 『Good to great』* 이다. 미국의 종합 경제지 포춘(Fortune)이 세
계에서 가장 영향력 있는 경영학자로 선정한 바 있는 짐 콜린스가, 어떤 요
인이 기업을 그냥저냥한 기업에서 진정 위대한 기업으로 한 단계 도약하게
만드는지 실증적인 연구를 통해 찾아냈다고 주장한 책이다. 그는 이러한 요
인을 찾아내기 위해 스무 명이 넘는 연구팀을 동원하여 5년이 넘는 시간 동
안 수없이 많은 데이터를 분석하는 과정을 반복했다는 것을 이 책에서 여
러 번 강조했다.

나머지 한 권 역시 짐 콜린스의 저작으로 『How the mighty fall』** 이다.
앞선 책이 베스트셀러로 장안의 화제가 되고 있던 바로 그 즈음, 그 책에서
위대한 기업으로 선정했던 기업들이 예전의 위대함을 계속 유지하지 못하
고 평범하게 되거나 몇몇은 파산에까지 이르게 되는데, 그러자 짐 콜린스가
무엇이 그들을 몰락하게 했는지 그 요인을 찾았다며 낸 책이다.

〈논어〉에 보면 "군자가 저지른 잘못은 일식이나 월식과 같아서 사람들
이 모두 알아보는데, 그것을 고치면 사람들이 모두 우러러본다"는 대목이 있
다. 자신의 예전 주장이 잘못된 것임을 알고, 이후라도 바로잡는 일은 연구
자로서의 훌륭한 자세라고 하겠다. 그럼에도 불구하고 여기서 무언가 내 마
음 한 구석에 꺼림직한 부분이 여전히 남아 있는 이유는 앞선 책 『Good to

---

* 한국어판 : 『좋은 기업을 넘어 위대한 기업으로』
** 한국어판 : 『위대한 기업은 다 어디로 갔을까』

great』가 방대한 데이터에 기반한 과학적인 연구임을 특별히 반복하여 강조했기 때문이다. 데이터에 기반한 과학적이고 실증적인 연구가 저렇게 쉽사리 뒤집힐 수 있는 연약한 것이었던가?*

결론부터 먼저 말하자면 짐 콜린스는 데이터에 기반한 과학적이고 실증적인 연구 결과물을 얻기 위해 필요한 여러 전제 조건을 생략하거나 무시한 채 자신의 주장을 속단함으로써 오류를 범하고 말았다. 내가 보기에 이러한 오류는 '데이터 바로 읽기'를 올바르게 했다면 피할 수 있었다.

그럼에도 여전히 많은 사람이 이 책을 당당히 추천 도서 목록에 올려 놓고 있다는 것은, 우리가 어떤 것이 데이터에 기반한 합리적인 선택이고, 어떤 것이 겉보기에만 합리적이고 실상은 잘못된 것인지 쉽사리 파악하지 못한다는 뜻이기도 하다.**

인생은 짧다. 후회할 일은 애당초 하지 않는 것이 좋다. 우리의 선택이 합리적인 데이터 기반 위에 이루어진다면 그 선택에 대해 후회할 일 또한 줄어들 것이다.

아무쪼록 이 책이 합리적인 선택을 위해 우리가 해야 할 일은 무엇인지 생각해보는 계기가 되기를 희망한다.

큰 외손자를 자신의 희망이라고 말씀하시던 先祖父 故 金 漢英 님의 영전에 이 책을 바칩니다.

2019. 1. 최희탁

....
* 짐 콜린스 및 다른 경영 관련 저작에 대한 조금 더 비판적인 시각은 필 로젠츠바이크가 쓴 〈헤일로 이펙트〉, 스마트비즈니스, 2007. 이 책에서 찾아볼 수 있다.
** 6장에서 이 두 책에 대한 사례를 조금 더 자세히 다룬다.

목차

Part 3

합리적인
선택을 위해
해야 할 일

Appendix
수학기호

Part 1

좋은 선택은 무엇이고,
나쁜 선택은 무엇인가?

기원전 44년, 마르쿠스 유니우스 브루투스는 카시우스 등과 함께 로마 공화정을 위협하는 독재자라는 이유로 율리우스 카이사르를 암살한다. 스스로 종신독재관에 올라 로마 제일 시민이라고 칭한 시점에서 카이사르는 이미 로마의 황제였다고 해도 과언이 아니었지만 파르티아 원정 출정을 사흘 앞두고 참석한 원로원 회의에서 허망하게도 그 목숨을 잃는다.

공화국의 깃발 아래 갈리아를 정복했던 카이사르가 독재자가 될 야망을 가지고 있다고 의심받게 된 건 개선 장군이라도 자신의 군단은 해산한 후에 로마 본토에 들어와야 한다는 관례를 어기면서 시작되었다. 군단을 해산하지 않으면 반역자로 몰리게 될 것을 알고 있었지만 카이사르는 자신의 전공과 인기를 시기한 경쟁자 폼페이우스 및 원로원 반대파의 위협에 대해 스스로를 지킬 힘이 있어야 된다고 판단하고 "주사위는 던져졌다"는 말과 함께 자신의 군단을 이끌고 본토의 경계인 루비콘 강을 건너 로마로 입성한다. 이후 벌어진 폼페이우스와의 내전까지 그의 승리로 막을 내리자 이제 그를 막을 더 이상의 장애물은 없어 보였으며, 남은 반대파에게 로마의 공화정은 바람 앞의 촛불과 같았다.

죽기 전에 외쳤다는 "브루투스 너마저"는 후대의 창작[*]이었다고 하지만 도둑처럼 몰래 다가온 삶의 마지막 순간에 그는 과연 루비콘 강을 건넌 선택에 대해 어떻게 생각했을지 궁금하다. 남에 대한 말이야 "어차피 한 번 사는 인생, 큰 성취를 이루었으니 그 결정에 여한은 없었을 것이다"라고 호방하게 말할 수 있을지는 몰라도 목숨이 경각에 달하여 살아온 인생의 각 순간이 주마등처럼 눈앞에 지나갈 때 마음 속 한 조각 후회가 없었으리라 단정하기도 쉽지 않다. '개똥밭에 굴러도 이승이 낫다'는 속담도 있지 않은가.

[*] Et tu, Brute? – Then fall, Caesar. Shakespeare, 〈Julius Caesar〉 ACT 3. Sc. 1 85. Washington Square Press, 1992

Chapter 1

데이터에 기반한 선택이 좋은 선택이다

두 록솔라인은 소름이 치밀어 오르는 걸 느끼며 서로를 바라보았다.
그들은 동시에 입을 열었다. "우리가 무슨 짓을 한 거지"?
– 해리 터틀도브, 『가지 않은 길』

1만 시간의 법칙

우리는 매 순간마다 선택을 피할 수 없다. 깜박이는 신호등을 지나갈지 기다릴지, 이 화난 기분을 상대에게 드러낼지 숨길지, 예감이 이상할 때 "네"라고 대답하기 전에 한 번 더 확인할지 말지, 우리는 선택해야 한다. 또한 과거를 돌이켜 '그때 그렇게 해야 했는데'란 후회가 든다면 결과적으로 더 나은 선택이 있었음을 그때는 알지 못했다는 뒤늦은 깨달음이다.

그렇다면 더 나은 선택을 하기 위해 우리는 어떻게 해야 할까? 삶의 경험이 쌓이면 자연스럽게 더 현명한 선택을 할 수 있게 되는 걸까? 아니면 선택 역시 연습을 통해 그 실력을 향상시킬 수 있는 것일까?

'1만 시간의 법칙'이란 말이 있다. 말콤 글래드웰이 그의 책『아웃라이어』에서 소개하여 유명해진 이 개념은 1만 시간 정도 노력하면 누구나 성공할 수 있다는 주장으로 이해되고 통용되고 있다. 하지만 이 1만 시간의 법칙이란 개념을 만들어 낸 안데르스 에릭슨은 단순히 시간만 투자해서는 의미 있는 성과를 내기 어렵고 의식적인 연습으로 잘 계획된 노력이 반드시 필요하다고 주장한다.* 그의 책 『1만 시간의 재발견』에서는 많은 분야에서 다재다능했던 미국의 철학자 벤저민 프랭클린이 체스에 투자한 시간은 많았지만 눈에 띄는 성취가 없었다는 것을 소개하며, 재미를 느끼고 시간을 투자한다는 것이 성공을 보장하지 않는다는 주장의 근거로 들고 있다. 그러면 더 나은 선택을 위해서 우리는 어떤 방식으로 연습을, 그리고 노력을 해야 할까?

데이터로 보는 미래

2012년 뉴욕타임즈는 미국의 대형 마트인 타깃이 보낸 쿠폰에 항의한 아버지의 사례를 보도했다. 고등학생인 딸의 메일 계정으로 아기 옷과 유아용 침대 쿠폰이 온 것을 안 그는, 미성년자에게 임신하라고 부추기는 거냐며 매장으로 항의 전화를 걸었다. 며칠 후 사과를 위해 다시 전화 연락을 한 매장 관리자는 오히려 이 아버지로부터 사과를 받게 되는데 그동안 딸이 정말 임신 중이었다는 걸 알게 되었기 때문이다.**

딸이 임신 중이었다는 반전도 극적이지만, 자녀가 부모에게도 숨긴 정보를 기업이 알아내어 그들의 이익을 위해 이용했다는 두려움이 이 사례를 더욱더 회자되게 만든다. 타깃은 어떻게 부모도 눈치채지 못한 10대 자녀의 임신 사실을 알아냈을까?

그 비밀은 타깃이 구축한 예측 시스템에 있었다. 이 시스템은 타깃에서 육아용품을 구매한 고객이 공통적으로 구입했던 상품을 분석하여 향이

....
* 안데르스 에릭슨, 로버트 풀, 〈1만 시간의 재발견〉, 비즈니스북스, 2016
** http://www.nytimes.com/2012/02/19/magazine/shopping-habits.html

없는 로션, 철분 엽산제와 같은 물품을 임신 초기 용품으로 분류한 후 해당 물품을 구입한 고객은 출산을 준비하고 있다고 간주해 미리 육아용품 쿠폰을 보낸 것이다.

이쯤 되면 감과 직관에 의한 결정보다 데이터에 기반한 선택을 해야 한다는 말에 이의를 제기할 사람은 없을 것이다. 특히나 최근 몇 년 새 전 세계에 휘몰아치고 있는 빅데이터, 머신러닝, 인공지능 A.I. 열풍에 이르면, 데이터 외에 그 어떤 근거가 있을까 싶다. 그렇다면 앞서 언급한 더 나은 선택을 위한 의식적인 연습과 잘 계획된 노력은 데이터를 읽고 분석하는 것이어야 할 것이다.

그런데 데이터에 기반한 선택은 항상 우리에게 최상의 결과를 가져다 줄 수 있을까? 아니, 최소한 데이터에 기반한 선택은 모두 합리적이라고 말할 수는 있을까?

먼저 데이터 기반이 아닌 선택의 수단으로 우리가 사용하는 방법에는 어떤 것이 있고 그것이 우리의 신뢰를 얻기에 충분한 기반이 될 수 있을지 살펴보는 것으로 이야기를 시작해 보자.

경험에 기반한 선택

아이들을 데리고 놀아주다가 "애들아, 이번에는 이렇게 놀아보자"고 새로운 놀이를 시작하려 하면 "아, 나 이거 아는데. 해 봤는데. 이거 완전 재미있(없)어"라고 말하면서 나서는 한두 명의 아이를 종종 보게 된다. 물론 이 놀이를 정말 해 본 적이 있어서 그렇게 나서는 아이도 있다. 그러나 "그럼 네가 그다음을 설명해 보렴", 이렇게 말을 건네면 대부분의 아이는 갑자기 잘 기억이 나지 않는다는 등의 핑계를 대며 뒤로 빠진다. 그걸 보고 다시 다음 설명을 이어 나가면 "그렇게 하는 게 맞아요"라고 또다시 끼어드는 아이의 모습을 본 경험이 있을 것이다.

이렇게 무리 중의 주도권을 잡기 위해 자신의 경험을 과장하는 행위는 아이뿐 아니라 성인에게도 쉽게 찾아볼 수 있다. 이런 사람이 흔하다는 점을 역으로 보면 그만큼 경험이란 것이 선택의 주요한 근거로 사용되는 경우가 많기 때문이리라. 그렇다. 내가 예전에 해 본 일인데 굳이 다시 뭘 더 생각해 볼 필요가 있겠는가? 당연한 일이니 더 이상 생각해 볼 가치가 없다고 치부하기 쉽다.

타인이 꾸며내어 과장한 경험은 엄밀하게 말해 진실된 경험이라고 할 수 없으니 논외로 치고 정상적인 경험, 즉 내가 직접 겪은 일에 대한 것으로 논의를 한정하자. 그리고 나의 경험이라는 것을 과연 얼마나 믿을 수 있을지, 다시 말해 선택의 근거로 충분히 삼을 만한 것인지 생각해 보자.

먼저 I.Q. 테스트에 나올 것 같은 아래 수열을 보자. 다음에 올 수가 무엇이라 생각하는가?

$$3, 1, 4, 1, 5, \square$$

대부분의 사람은 1이라고 생각할 것인데 홀수 번째 항은 3부터 시작해서 1씩 증가하고, 짝수 번째 항은 모두 1이기 때문이다. 그런데 9라고도 주장할 수 있으며 그 이유로는 이 수열을 원주율(π=3.141592…)을 구성하는 수를 차례로 나열한 것으로 간주할 수도 있기 때문이다.[*]

....

[*] 해당 예는 홍성대 저 〈수학의 정석〉에서 소개된 적이 있다.

너무 꾸며낸 예제로 생각되는가? 판단의 근거가 되는 숫자가 다섯 개밖에 되지 않아 충분하지 않은 경험에 의거하여 섣부른 판단으로 일을 그르친 경우라고 봐야 할까? 그렇다면 수집된 증거의 수가 더 많다면 어떨까?

이번에는 동물에 대한 이야기다. 젖을 먹고 자라는 동물을 포유류라 하는데 알려진 수가 5,000종이 넘는다.* 지금까지 알려진 포유류는 모두 새끼를 낳는데 이제 누군가 알을 낳는 포유류를 발견했다고 주장한다. 믿어야 할까?

믿고 싶은지 아닌지는 중요하지 않다. 우리는 방금 알을 낳고 젖을 먹여 키우는 오리너구리를 만난 것이다. 앞서 5,000종이 새끼를 낳았다 해도 상관없다. 오리너구리는 알을 낳고, 그 알에서 깨어난 새끼는 어미의 젖을 먹고 자란다.

다섯 개의 숫자로는 부족한 것 같았고 5,000종의 포유류도 오리너구리를 예상하지 못했다. 그러면 경험이 우리가 상상할 수 있는 가장 큰 수만큼 쌓이면 어떨까?

우리는 예를 아무리 많이 들어도, 즉 경험만으로는 인정받지 못할 것이란 걸 아이러니하게도 이미 경험적으로 알고 있다. 중학교 수학시간에 배운 다음 방정식을 생각해 보자.

$$y = x^2 + 2x + 2 \text{(단, } x\text{는 실수)}$$

y 값은 0보다 크다. 이것은 $y = x^2 + 2x + 1 + 1 = (x+1)^2 + 1$로 바꾸어 쓸 수

---

* 29목 153과 1,200속 약 5,400종에 이르는 동물을 포함한다. https://ko.wikipedia.org/wiki/포유류

있고 실수를 제곱한 수는 0보다 같거나 크므로 거기에 1을 더한 y값은 0보다 크기 때문이다.

그런데 누군가 x 값에 0, 1, 2, 3… 등등을 넣어 y 값을 계산한 후 '제가 이렇게 많이 계산해 보았지만 0보다 작은 수는 하나도 없었습니다. 그러므로 y 값은 0보다 클 것 같습니다'는 답을 제출했다고 하자. 수학 선생님이 어떤 분이신지에 따라 정도의 차이는 있겠지만 '노력은 가상하다'는 코멘트와 함께 오답 처리될 것임을 우리는 안다.

집단을 이루어 이동하는 곤충은 자신이 지나간 길에 페로몬을 남겨 뒤에 따라오는 무리가 길을 잃지 않도록 한다. 『파브르 곤충기』에 열을 지어 이동하는 애벌레들을 화분의 가장자리를 따라 움직이게 해 큰 원형을 그리게 한 실험이 있다. 그 애벌레들은 자신이 가지고 있는 경험에 의거하여 완벽하게 합리적인 선택을 했다. 왜냐하면 화분 주위를 돌면 돌수록 레일 위에 남아있는 페로몬의 양은 더욱 많아졌고 이 말은 더 많은 개체가 이 길을 통해 갔다는 뜻이기 때문이다. 이 애벌레들은 앞선 개체가 남긴 표식을 보고 따라가지만 실상은 자신이 남긴 자취 위에서 조금도 벗어나지 못한 채 며칠을 뱅글뱅글 같은 자리만 맴돌다가 결국 한 마리도 남김 없이 모두 죽고 만다.

아일랜드 출신의 작가 조지 버나드 쇼는 다음과 같은 이야기로 경험을 근거로 한 논증의 허망함을 풍자한 적이 있다.

매일 아침 농장 아낙네의 손에서 낱알을 받아먹던 암탉은 그 손이 먹이를 주는 생명의 손임을 굳게 믿어 마지않을 것이다. 하지만 가까운 미래에 바로 그 손은 암탉의 모가지를 비틀 것임을 나는 분명히 알 수 있다.

냉정하게 보아 경험은 과거의 사건에 대한 나의 인식일 뿐이고 내가 한 선택의 결과는 미래에 드러난다. 우리가 경험에만 의존한 선택을 한다면 내 경험으로 미래를 예측할 수 있다는 선언과 다를 바 없다.

18세기 프랑스의 수학자 라플라스는 '우주의 원자 하나 하나의 위치와 운동량을 아는 존재가 있다면 뉴턴의 운동법칙에 따라 원자마다 그 다음 위치를 알아낼 수 있을 것이고, 따라서 이 존재는 원자로 이루어진 이 세상의 미래를 모두 정확히 예측할 수 있을 것'이라고 주장했다. 이러한 주장은 사람들을 상당히 불편하게 했는데 생각해 보면 과거의 조건이 현재를 완전히 설명한다는 것은 미래 역시 이미 결정되어 바꿀 수 없다는 이야기와 다를 바 없다. 따라서 이러한 결정론에서는 예정된 미래에서 벗어날 방법이 없으며 인간의 자유 의지 역시 설 곳이 없게 된다. 후세 사람들은 라플라스가 상상한 이 존재를 '라플라스의 악마'라고 불렀다. 하지만 다행이 양자역학의 발전으로 위치와 운동량을 동시에 정확히 측정하는 것은 불가능하다는 것이 증명되었다.[*]

경험은 그것만으로 우리의 선택의 기반이 될 만큼 충분한 요소가 될 수 없다. 경험은 우리가 세상을 내 안으로 끌어당겨 보는 창이다. 하지만 창밖으로 깃발이 펄럭이는 모습만 보고 내일 날씨를 정확하게 알아낼 수 있다는 사람이 있다고는 믿기 어렵다.

개연성에 기반한 선택

인터넷 서비스 업계에서는 제품을 한 번 출시하면 끝인 게 아니라 소프트웨어 버전업을 통해 사용자 경험을 개선하는 작업을 지속한다. 인터넷 환

---

[*] 하이젠베르크의 불확정성 원리를 참조하라. https://ko.wikipedia.org/wiki/불확정성_원리

경의 특성상 새로운 경쟁자가 시장에 쉽게 뛰어들 수 있고 사용자는 여러 경쟁 서비스를 쉽게 비교하여 사용해 볼 수 있어 서비스 간 경쟁이 매우 치열하다. 그렇기 때문에 각각의 서비스는 서로 경쟁 서비스의 장점을 적극적으로 받아들이는 것은 물론, 자신의 서비스를 차별화시키는 특징적인 기능을 개발하고 사용자에게 알리는 데 사활을 걸고 있다.

아이러니한 것은 그렇다고 이것저것 기능을 많이 붙이는 것은 오히려 역효과를 낸다는 점이다. 사용자 의견을 받아보면 명확하고 가벼운 서비스를 원하므로 '꼭 필요한 기본 기능만을 남기고 나머지 잘 쓰지 않는 기능은 없애 달라'는 것으로 모인다. 사용자마다 꼭 필요한 기본 기능이 모두 다르다는 점만 제외하고는 간명한 요구사항이다.

결국, 모든 사용자의 의견을 글자 그대로 따른다면 모든 기능을 다 넣는 동시에 모든 기능을 제외해야 한다. 따라서 여기에서 선택의 문제가 발생하게 되는데 '다음 업데이트 시 어떤 기능을 추가해야 서비스의 성공에 더 기여할 것인지'를 결정하는 일이다. 정보가 없지는 않다. 필요하다면 몇 번이고 사용자 의견을 더 수집할 수 있다. 오히려 서로 모순되는 요구사항이 너무 많아서 무엇을 선택하기 어려운 것이 문제다.

하지만 어쨌든 어느 기능을 손볼지 결정은 해야 하고, 이럴 경우 주로 개연성에 기반한 주장이 횡행한다. "합리적으로 생각하면 그렇다", "일반적으로 생각하면", "원래 보통의 사람은 그렇게 생각한다", "대부분의 사람은 그렇게 생각하지 않는다", "누가 봐도 당연하다", "사람이 센스가 있어야" 등의 여러 가지 형태로 자신의 주장이 너무 명확해서 굳이 근거까지 댈 필요가 없다는 자기 확신을 안고 주장한다. 하지만 이 주장의 근거를 끈질기게 캐물으면 "저는 그럴 것 같은데, 그렇지 않을까요?"란 대답이 나오곤 한다.

개연성을 근거로 한 선택이 정당화되려면 먼저 우리가 현실을 개연성으로 정확히 모사할 수 있다는 점이 입증되어야 한다. 이어령의 수필집에 수록된 리얼과 리얼리티, 즉 현실과 현실감에 대해 언급한 일화를 보자.

> 이름난 한 연극 배우가 공연 중에 침대에 누워 자는 장면을 연기하고 있었다. 어느 날 그 배우는 너무 피곤했던 나머지 자신도 모르게 잠이 들어 버렸는데 그 다음날 신문에 '연극은 전반적으로 나쁘지 않았다. 하지만 배우 모씨의 자는 연기는 명성에 걸맞지 않게 부자연스러웠다'란 공연 평이 실렸다.

우리가 생각하는 현실의 모습인 리얼리티와 우리의 현실, 즉 리얼 사이에는 분명한 차이가 있다. 대부분의 사람은 살아온 시간의 $\frac{1}{3}$을 잠을 자며 보냈지만 막상 자신이 잠을 자는 모습이 어떤지는 알지 못한다.

앞서 외부 세계의 사건이 우리 내부로 끌어들여져 경험으로 변형되어 인식되는 것처럼 우리가 생각하는 현실감은 현실 자체가 아니라 현실이 비쳐 변형된 상에 지나지 않는다. 따라서 개연성이 높으면 현실에서 일어날 확률이 더 높다고 우리가 간주하는 것이지 개연성 그 자체가 선택의 근거로 충분하다고 말할 수는 없다. 또한 사람마다 특정 사건에 대한 개연성의 정도를 서로 다르게 판단할 수 있으므로 여러 사람을 납득시킬 수 있는 선택의 근거로 사용하기는 더더욱 힘들다.

개연성이 선택의 상황에서 고려할 만한 아무런 가치가 없다는 것이 아니다. 우리의 판단에 '절대 일어나지 않을 것' 같은 일보다는 '일어날 것 같은 일'이 현실과 가까울 것이다. 하지만 '그럴 것 같다는 것만 가지고는 선택의 근거로 삼기에 부족하다'고 말하는 것이다.

학창시절 시험을 칠 때 모르는 문제는 어쩔 수 없이 답을 추측해서 적어 넣는다. 최대한 그럴싸한, 정답일 것 같은, 개연성이 최대인 항목을 정성을 다해 고르지만 우리가 언제나 100점을 맞은 건 아니었다는 것을 떠올려 보자.

옛날 사람들은 태양과 달, 그리고 별이 지구 주위를 돈다고 믿었다. 그도 그럴 것이 낮에는 해가, 밤에는 달과 별이 하늘 위에서 움직이는 것을 매일 자기의 눈으로 보았기 때문이다. 과연 누가 지구가 움직인다는 말을 믿을 수 있겠는가? 내가 밟고 서 있는 이 땅이 빙글빙글 돈다는 어처구니없는 설명보다야 천체가 하늘 위에서 움직인다는 천동설이 훨씬 합리적이고 개연성 높은 설명임을 부정할 수 없다.

지금까지 우리는 경험과 개연성 각각에 대해 선택의 근거로 이것이 어느 정도까지 사용될 수 있는지에 대해 생각해 보았다. 그 결과, 경험이란 것은 우리 자신이 겪은 개인적인 체험이고, 개연성 역시 사람마다 가진 척도가 다를 수 있다는 점에서 그것만 가지고서 타인을 설득할 만한 객관적인 기준으로 삼기에는 부족함이 있다는 것을 보았다. 그렇다면 부족한 객관성을 보완할 만한 실질적인 근거는 어디에서 얻어야 할 것인가? 다음 절에서 이러한 선택의 근거를 어떻게 획득할 것인가의 문제에 대해 생각해보자.

지도자의 영도에 따르는 선택

솔직히 우리가 모든 것에 대해 다 잘 알 수는 없다. 그렇지만 온갖 분야에 대해 끊임없이 선택은 해야 하고 우리는 이럴 때 누군가 믿을 만한 지도자나 전문가를 찾아 그 의견에 맞춰 행동한다.

정치는 우리 삶의 어느 곳에서나 영향을 미치는 중대한 일이지만 국방, 외교, 행정, 교육, 소방, 치안 등 개인이 직접 모든 분야에 정통하기가 불가능할 정도로 다양하고 복잡하다. 그렇기 때문에 우리는 주기적으로 대표자를 선출하여 우리의 미래를 대표자의 선택에 맡긴다.

옷 가게에서는 어떤가? 쇼윈도를 둘러보다 점원에게 "요즘 어떤 게 잘 나가요?"라고 묻지 않던가? 그러면 점원도 지극히 전문가적인 태도로 "요즘은 이런 게 유행이라 이런 스타일이 제일 잘 나가요. 이렇게 걸쳐 입으면 아, 손님께 정말 딱 잘 어울리네요"라고 화답하곤 한다.

내가 잘 알지 못하는 문제에 대해 잘 아는 사람의 의견을 적극적으로 수용하는 것은 매우 합리적인 생각이다. 단, 이 생각이 정당성을 가지려면 우리가 찾은 사람이 정말 해당 분야에 정통한 사람이어야 한다. 이렇게 되면 이제 직접 선택하는 문제에서 믿을 만한 대표자, 즉 우리 대신 선택을 잘 해 줄 지도자를 어떻게 잘 찾아낼 것인가의 문제로 바뀐다.

일반적으로 우리는 예전에 좋은 선택을 했다고 알려진 사람, 지위가 높은 사람, 이미 여러 사람에 의해 선택된 사람이 지속적으로 좋은 선택을 할 것이라고 믿고 따른다. 대표적인 예로 성공한 기업의 창업자가 그러하다. 그런데 이런 사람이 앞으로도 좋은 선택을 할 것이라는 생각은 얼마나 타당한지 생각해 보자.

먼저 이 사람이 알려져 있지 않은 무언가를 가지고 있을 가능성이 있다. 사실 성공에 대한 방법이 이런 사람에게는 보일지도 모른다. 그래서 마치 점쟁이가 산통으로 미래의 길흉을 알아내듯이, 주머니의 물건을 끄집어 내듯이 쉽게 최선의 결과를 이끌어내는 선택을 할지도 모른다. 사실 스스로를 그렇다고 주장하는 사람이 있다. 중대한 선택의 기로에 섰을 때 자신의 통찰력과 번뜩이는 영감이 이끄는 대로 결정했고, 지금까지 한 번도 자신을 실망시킨 적 없었다는 사람이다.

그러나 이런 사람은 자신이 왜, 그리고 어떻게 통찰력과 영감을 얻게 되었는지는 설명하지 못한다. 그렇기 때문에 우리는 이 사람의 말 외에는 그의 주장을 검증할 방법이 없다. 결국 그는 자신의 말을 먼저 믿고 따를 것을 요구한다. 검증은 자신의 말이 현실이 되는지 결과를 보고 판단하라는 논리다. 생각해 보자. 우리는 결과가 아니라 어떻게 합리적으로 선택할 것인가에 대해 따져 보고 있다. 그런데 좋은 결과가 올 것이라는 믿음의 문제가 되면 이미 합리적인 해결방법이 존재하지 않는다. 2,500년 전에 공자도 '괴력 난신에 대해서는 말하지 않는다'고 말한 바 있다.*

이런 것을 제외하고서도 한 번 성공한 사람이 보통의 사람보다 다시 성공할 가능성이 높은 것은 사실이다. 이는 일단 성공한 후에는 그로 인해 조달할 수 있는 초기 자본의 크기나 성공한 사람 간에 형성되는 인맥 등의 도움으로 처음보다 훨씬 성공에 유리한 조건을 갖게 되기 때문이다. 좋다. 그렇다면 일이 쉬워졌다. 이제 우리는 주위의 영향력 있는 사람을 찾아 우리의 지도자로 삼고 선택권을 위임하자. 그러면 그 사람은 우리에게 좋은 선택을 할 것이며 좋은 결과를 얻을 가능성이 커질 것이다.

무언가 이상한 것을 눈치챘는가? 우리는 우리가 잘 모르는 영역에 대한 선택을 잘 하기 위해 우리가 선택한 지도자에게 선택권을 위임하려고 한다. 이 지도자는 좋은 선택, 즉 좋은 결과를 낼 가능성이 높은 사람이다.

....
* 子不語怪力亂神, 공자, 〈논어〉 술이 편

그런데 지도자가 내리는 선택이 우리를 위한 좋은 선택일지, 지도자에게 좋은 선택일지 어떻게 알 수 있을까? 우리는 어떻게 우리에게 최선의 결과를 가져다 줄 지도자를 잘 선택할 수 있을까?

글쎄, '열 길 물 속은 알아도 한 길 사람 속은 모른다', '머리 검은 짐승은 거두는 것이 아니다'라는 속담을 생각해 보면 우리가 좋은 선택을 할 방안으로 우리에게 좋은 선택을 해 줄 사람을 선택하는 것은 원래 문제와 동등하거나 오히려 더 어려운 문제라고 간주하는 것이 옳아 보인다.

다수의 선택에 따르는 선택

다른 사람이 어떤 행위를 하고 있기 때문에 그 행위를 따라 하는 것을 '동조'라고 한다. 1951년 심리학자 솔로몬 애쉬는 동조가 자신이 판단하기 힘든 문제에 대해서만 발생할 것이라고 생각했다. 다시 말해 쉽게 그 진위가 파악되는 문제에서는 동조가 일어나지 않을 것이라 가정하고 이를 증명하기 위해 다음과 같은 실험을 했다.[*]

다섯 명의 학생을 하나의 탁자 주위에 앉게 한 다음 두 장의 카드를 차례로 보여 주었다. 첫 번째 카드에는 한 개의 직선이 그려져 있다. 다음으로 보여진 두 번째 카드에는 길이가 서로 다른 세 개의 직선에 a, b, c 라벨이 붙어 있었다. 이제 학생들에게 첫 번째 카드에서 확인한 직선과 가장 길이가 비슷한 직선의 라벨을 말해 달라고 요청한다.

....
[*] Freeman, Carlsmith, Sears, 홍대식 역, 〈사회 심리학〉 p. 394, 박영사, 1986

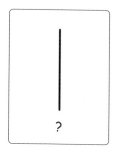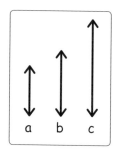

직선의 길이가 쉽게 구분할 수 있을 정도로 서로 달라 실험에 참여한 학생들은 답을 고르는 데 아무런 문제 없이 첫 번째 테스트를 마쳤다. 카드를 바꾼 두 번째 테스트 역시 어려움 없이 끝났다. 그런데 세 번째 테스트에서 처음으로 답한 학생이 분명히 잘못된 대답을 한다. 그리고 다음 학생도 첫 번째 학생과 같은 대답을 한다. 세 번째와 네 번째 학생도 앞선 두 명의 학생처럼 똑같이 틀린 대답을 할 때 다섯 번째 학생 중 35%는 앞선 학생들이 대답한 명백히 틀린 답을 따라 했다.

예상할 수 있듯이 앞선 네 명의 학생은 실험 도우미였고 다섯 번째 학생만이 실험의 대상이었다. 이 실험은 명확하게 잘못된 판단이라도 다른 사람이 모두 그러했다는 이유만으로 우리는 맹목적으로 따르는 경향이 있다는 것을 보여준다.

이러한 동조는 외부에 영향을 받고 끼칠 수만 있다면 생명이 없는 물체 간에도 발생한다. 1665년 크리스티안 호이헨스는 경도 문제를 해결하기 위해 시계의 정확도를 확인하다 진자로 움직이는 두 시계 간에 동조 현상이 발생하여 상호 간에 영향을 준다는 사실을 발견했다.* 이런 것을 볼 때

---

* 경도를 알아내기 위해 호이헨스는 배에 시계를 실은 다음 항구 시간과 현지 시간과의 차이를 계산하게 했다. 이때 상호 검증용으로 항구 시간을 표시한 시계를 두 대 실었다. 호이헨스가 발견한 동조는 이 두 대의 진자 시계가 미약하게나마 바닥으로 전동을 전달하고 그로 인해 나머지 진자가 동조하는 현상이었다. 스티븐 스트로가츠, 〈동시성의 과학, 싱크〉 p. 146, 김영사, 2005

다수의 선택을 따르는 것은 우리의 본능에 새겨진 규범일 뿐 아니라 우리를 구성하고 있는 물질 레벨에서 규정된 법칙처럼 보인다.

우리는 본능이나 자연계의 법칙에 대해 익숙하지 않으며 그에 대해 어느 정도 두려움에 가까운 경외감을 가지고 대한다. 상처 입은 짐승이 우리가 알지 못하는 풀을 먹어 스스로 치유했다는 이야기나 누구도 살 수 없을 정도로 오염되어 잊혀진 대지가 자연적으로 회복된 모습으로 다시 발견된다는 이야기는 소설이나 영화로 널리 퍼져 있다.

그도 일리가 있는 것이 멸종되지 않고 수 억년을 이어 내려오며 자손을 성공적으로 남길 수 있으려면 냉혹한 자연 선택의 체를 요령 있게 성공적으로 빠져나갈 수 있는 능력이 있어야 하고 결국 생존에 적합한 자만 남았을 터이다. 우리 역시 다르지 않다. 우리는 결국 살아남아 자손을 남길 수 있었던 인류의 후손이며 우리 선조가 남겨준 좋은 자질은 우리의 몸 속에 전달되어 남아 있다. 따라서 이러한 본능적인 자질을 우리의 선택의 근거로 삼는다면 인류가 지금까지 체득한 지혜를 기반으로 선택하는 셈이 되지 않을까? 예를 들어 앞서 언급한 동조는 어떤가? 이러한 동조의 절차화된 규범이라고 볼 수 있는 다수결은 합리적인 선택을 보장해 줄 수 있을까? 아니 그보다 먼저, 다수의 결정은 개인의 선택보다 낫다고 말할 수 있는지 생각해 보자.

늦은 오후 사바나 평원, 영양 한 무리가 풀을 뜯으며 모여 있다. 태양은 뜨겁고 그늘은 많지 않은 오후, 저 멀리 우거진 풀숲이 조금 흔들린다. 영양을 노리는 사자가 몸을 숨기고 다가오는 것일지 모른다. 하지만 거의 대부분의 경우는 그저 스치는 바람 때문일 것이다. 하지만 한 마리가 뛰기 시작하면 모든 무리가 따라 뛴다. 본능적으로 동료를 따라 한다. 왜냐하면 혹시 그것이 정말 사자라면 혼자만 뛰지 않는 것은 목숨을 대가로 치르게 될 것이기 때문이다. 다수에 대한 동조는 지금까지 우리의 생존 확률을 분명히 높여 주었다.

　몇 년 전까지 '집단지성의 힘'이란 말이 유행했다. 누구나 편집할 수 있는 온라인 백과사전인 위키피디아*의 예부터, 억울하게 당한 교통사고 사연을 온라인 커뮤니티에 올렸더니 실시간으로 유저 간에 댓글로 정보가 교환되면서 좋은 해결방안을 찾을 수 있었다는 사례, 그리고 이성교제에 대한 도움을 온라인으로 공개 요청한 사람의 사례(책으로 출판된 후 영화화까지 된) 등을 보면 공간의 제약을 넘어서 인터넷으로 연결된 개인이 하나의 거대하고 집단적인 지성을 가지게 된 것처럼 보인다. 정말 그러할까? 인터넷 게시판에 도움을 요청해서 여러 사람의 의견에 따르는 것은 신뢰할 수 있는 근거로 사용할 수 있는 것인가?**

　배심원제는 범죄 사실의 유무를 일반인으로 구성된 배심원단이 결정하는 제도다. 이러한 사법 제도 하에서 검사와 변호사는 법원에 제출된 증거를 기반으로 배심원을 논리적으로 설득하여 자신이 원하는 평결을 내리도록 노력한다. 이는 상식을 가진 여러 일반인이 한두 명의 재판관보다 더 나은 판단을 할 수 있다는 가정을 전제로 한다. 그런데 18세기 프랑스의 수학자이자 정치 사상가였던 콩도르세는 이 배심원제가 판단하기 쉬운 문제는 더 잘 해결하고, 어려운 문제는 반드시 틀린 해답을 낸다고 주장했다.***

　유/무죄 여부를 정확히 판단할 확률이 30%인 사건이 있다고 하자. 이

......

* 한국어판 위키피디아, https://ko.wikipedia.org/wiki/위키백과:대문
** 전차남 사건이 실제로 발생한 것인지에 대해서는 논란이 있다. 익명 게시판의 특성상 본인이 인증하지 않으면 의문을 해결할 방법은 없다. https://ko.wikipedia.org/wiki/전차남
*** 데이비드 프리드먼, 〈거짓말을 파는 스페셜리스트〉 P. 133, 지식 갤러리, 2011

경우 한 명의 재판관이 판단하면 평균적으로 열 건 중 세 건의 사건에서 정의가 구현될 것이다. 하지만 열 명이 배심원단을 구성하여 판단하면 열 건모두 7대 3의 다수결 결과에 따라 항상 잘못된 결론을 내릴 것이다.

물론 배심원 개인이 옳은 선택을 할 확률이 절반을 넘는 문제에 대해서는 한 명의 재판관보다 배심원단에서 합의된 결과가 더 나은 결과를 가져오지만 우리가 관심을 갖는 문제라는 것이 그렇게 쉬운 것만 있지는 않다는 것이 문제일 것이다.

익명의 가면 뒤로 숨어서 잘못된 정보나 자극적인 내용을 악의적으로유통시킨 악성 댓글러로 인해 폐해를 당하는 사람이 적지 않다. 특히 대중의 관심을 받는 연예인은 단순한 욕설이나 모욕을 넘어 허위 사실로 공격을 당하고, 견디다 못해 고소나 고발을 진행한다는 내용이 신문지상에 오르내리곤 한다. 우리는 사이버 공간의 정보를 모두 다 믿을 수 없다는 것을 알아가고 있다. 그래서일까? 최근에는 집단지성이라는 용어 자체가 예전보다 사용되지 않는다.

동조 경향이 생존의 확률을 높인다는 점에서는 의심의 여지가 없다. 다만 생존 자체가 목적인 행동이 반드시 옳은 선택임은 누구도 보장할 수 없다. 아래에 서술된 이 사람의 생애를 한 번 같이 살펴보자.

그는 과거에 장원 급제하여 관직 생활을 시작한다. 독립협회 창립위원장으로 시작하여 회장까지 역임했다. 명필로도 이름을 떨쳤는데 여러 유명사찰과 궁궐의 현판을 쓰기도 했다. 대한제국 초대 총리대신이며, 3대 총리대신이기도 한 그는 구한말 대한제국 일제 강점기로 이어지는 위태로운 국난의 시기에 누구보다 역사의 파고를 잘 헤치며 살아 남았으며 1926년 68세의 나이로 사망했다.

그는, 이완용이다. 생존이라는 목표만 두고 보면 이완용의 삶은 적절한 선택의 연속이라고 할 수 있다. 하지만 우리 중 그 누구도 자신만의 안위가 목적이었던 그의 선택이 옳았다고 말하지 않는다.

데이터에 기반한 선택

우리는 일상에서 선택의 상황을 만나게 될 때 자연스럽게 의지하는 몇몇 선택의 기반에 대해 알아보았다. 경험이나 개연성은 서로 살아온 생활 환경이나 가치관이 다른 사람에게는 그 정당성이 자연스럽게 받아들여지기 힘들며, 전문가나 지도자에 대한 선택권 위임이나 다수결 역시 항상 더 합리적인 결과를 낸다는 것을 보장할 수 없음을 보았다. 그렇다면 이러한 결점이 없는, 다시 말해 어느 누가 보아도 동일한 판단을 할 수 있으며 모두가 그 판단에 동의할 수 있도록 하는 선택의 기반은 무엇일까?

나는 감히 그것은 '데이터에 기반한 선택'이라고 주장한다.

데이터에 기반한 분석은 해석하고자 하는 사건이 가지고 있는 여러 속성을 수치, 즉 속성값으로 표현한다. 이렇게 속성값으로 객관화함으로써 우리는 혹시 무의식 중에 투영될지도 모를 선입견이나 감정을 가능한 한 배제할 수 있게 된다. 또한 속성값으로 수치화함으로써 실험하기 힘든 실제 세상의 사건을 우리가 다룰 수 있는 수치적인 해석 도구를 통해 살펴볼 수 있게 되고 이로써 사건의 본질에 한발 더 가까이 다가갈 수 있다.

데이터에 기반한 선택은 이미 우리 주위에서 활용되고 있으며 우리의 삶에 알게 모르게 지대한 영향을 미치고 있다. 그렇기 때문에 우리는 데이터에 기반한 선택에 대해 알아야 한다.

지금까지 우리는 선택의 기반으로 삼은 것(경험, 개연성, 지도자의 영도, 다수의 선택에 동조 등)이 합리적인 선택의 근거로 충분한지 살펴보았다. 그리고 더 합리적인 선택의 기반은 '데이터에 기반한 선택'이라는 것을 확인하였다.

이제 다음 장부터 본격적으로 데이터에 기반한 선택을 할 때 고려해야 하는 점에 대해 살펴보자.

'위비곤 호수 효과'란 말이 있다. 모든 아이가 평균 이상인 가상의 마을 위비곤 호수 이야기에서 유래한 말이다.* 하지만 이 말 자체가 모순인 것이, 누군가 평균을 넘었으면 반드시 다른 누군가는 그 아래에 있어야 한다. 그렇지만 우리 모두는 그래도 자신은 평균보다 조금 더 낫다고 생각한다. 사람들이 자기를 과대평가하는 경향이 있다는 것을 일컬어 위비곤 호수 효과라고 한다.

그렇다. 우리는 자신이 특별하다 믿는다. 내가 자신을 믿지 않는다면 누가 나를 믿어 주겠는가? 타인 앞에서 당당히 본인의 의견을 주장할 수 있는 정도의 적당한 자신감은 반드시 필요하다. 하지만 나의 경험, 지금의 느낌과 영감에 의존하는 선택은 결코 우리가 할 수 있는 최선의 선택이 아니다. 우리가 더 나은 결과를 원한다면 냉정한 눈으로 사물을 보는 것이 필요하고 나의 역량 또한 예외가 될 수 없다. 내가 판단하는 경험과 판단의 중요성은 과장될 수 있음을 겸허히 받아들이는 것이 매우 중요하다.

믿고 따를 지도자를 선택한 후 그의 결정을 따르는 것은 종교에 귀의하는 것과 같다. 믿고 따르면 더 이상 생각하지 않아도 되므로 마음의 안식을 얻을 수는 있을지 모르겠다. 하지만 더 나은 선택을 위해서는 항상 의문을 가지고 탐구하는 자세를 버리지 않아야 함은 분명하다.

다수의 선택을 따르는 것은 정당하기 때문이 아니다. 이것은 집단이 결정을 내리기 위한 여러 방식 중 하나로 받아들여야 한다. 집단지성이 잘 작동한 몇몇 예가 있지만 현재와 같이 온라인으로 연결하는 여러 서비스가 넘쳐나는 이 세상에서 언급할 만한 성공사례가 손에 꼽을 정도에 불과하다는 것은, 집단지성이란 것이 쉽게 발현되는 것이 아니거나 항상 좋은 결과를 내는 건 아니라는 의미이기도 하다.

----

* 위비곤 호수 효과, https://en.wikipedia.org/wiki/Lake_Wobegon

Part 2

좋은 선택을 위한
데이터 바로 읽기

평균과 같은 요약 통계 값은 숫자를 포함한 데이터를 간명하게 표현하기 위해 사용된다. 데이터 안에 포함된 여러 숫자를 모두 나열할 것이 아니라 그 숫자를 대표할 수 있는 수치로 요약하여 전체 데이터를 대표하게 한다는 아이디어는 야구 팀의 팀 타율에서부터 국가의 1인당 평균 소득에 이르기까지 폭넓게 사용되고 있다.

1951년 에드워드 심프슨은 부분의 평균이 작지만 전체의 평균은 클 수 있음을 발표했다.* 예를 들어 데뷔 2년차인 두 명의 야구선수 A, B가 있다고 하자. 작년 성적은 A의 타율이 B보다 높았고 올해 역시 마찬가지로 A가 B보다 더 높은 타율을 기록했다. 그런데 B의 통산 타율이 A보다 더 높을 수 있을까?

우리의 수치에 대한 직관으로는 그럴 리가 없다고 생각할 것이다. '끝날 때까지 끝난 게 아닌 것이 야구'라지만 이건 야구의 문제가 아니라 상식의 문제로 보인다. 하지만 아래의 표를 보자.**

	1995		1996		통산 성적	
데릭 지터	12/48	.250	183/582	.314	195/630	**.310**
데이비드 저스티스	104/411	**.253**	45/140	**.321**	149/551	.270

1995년과 1996년 모두 데이비드 저스티스가 데릭 지터보다 타율이 더 높다. 그런데 두 해 동안의 타격 결과를 종합해 낸 통산 타율은 데릭 지터가 더 높다.

이러한 결과가 나온 이유는 타석 수의 불균형에 있다. 지터는 타율이 좋았던 1996년 타석에 많이 들어갔기 때문에 쳐낸 안타의 절대적인 수가 늘었던 것이고 저스티스는 그렇지 못했기 때문에 연도별 타율은 저스티스가 더 좋으나 통산 타율에서 밀리는, 우리의 직관에 반하는 결과가 나오게 되었다.

요약 통계 값은 전달하고자 하는 의미도 분명하고 읽기도 쉽다. 하지만 여러 숫자가 가진 정보와 하나의 숫자에 의해 전달될 수 있는 정보는 분명한 차이가 있다. 따라서 요약함으로써 잃어버린 정보에 어떤 의미 있는 것이 있었는지 유의해야 한다. 심프슨의 역설은 우리가 쉽게 생각하는 평균마저도 주의 깊게 다룰 필요가 있음을 말해 준다. 우리의 수치에 대한 직관은 그다지 믿을 만하지 않다.

----
* Simpson's paradox, https://en.wikipedia.org/wiki/Simpson%27s_paradox
** It ain't over till it's over. 로런스 피터 "요기" 베라 (Lawrence Peter "Yogi" Berra) https://ko.wikipedia.org/wiki/요기_베라

Chapter 2

우리의 수치에 대한 직관은 믿을 만하지 않다

그리고 나는 영웅이 되었다. 내가 조화를 지키고, 별들로 가는 길을 열어 놓았다.
나는 자랑스러운 마음에 킬킬거렸다. 나는 공룡처럼 생각할 수 있었다.
– 제임스 패트릭 켈리, 『공룡처럼 생각하라』

정량화, 수치화

데이터라고 하면 정부기관, 대학, 대기업 연구소에서나 만들어내고 분석
할 수 있는 거창한 무엇이라고 생각할지 모르겠다. 하지만 데이터란 단순히
'자료'라는 뜻이며 연구나 조사의 바탕이 되는 '재료'를 의미한다.* 따라서
우리가 판단하기 위해 사용하는 모든 것을 '데이터'라고 할 수 있다.

　이러한 데이터는 처리의 용이함을 위해 수치 형태로 표현되어 저장된
다. 그도 그럴 것이 지난 3일 동안 매일 기분이 어땠는지를 표시하기 위
해 '그다지 좋지 않았다', '어제와 비슷했다'고 하기보다 수치 척도를 사용
하는 것이 좀 더 보기 쉽다. 숫자와 정성적인 표현을 같이 표기한 다음의
표를 보자.

．．．．．．．．．．．．．．

* 자료, https://ko.wikipedia.org/wiki/자료

	영희		철수	
	정성 평가	정량 평가	정성 평가	정량 평가
그제	감동인 날	4	최악	1
어제	좋아요	3	뭐 그럭저럭	4
오늘	완전 최고	5	안 좋아	1

[표 2-1] 지난 3일간의 기분(1~5 척도, 클 수록 기분이 좋음)을 표현한 데이터

수치로 표현하게 되면 얻을 수 있는 몇 가지 장점이 있다.

첫 번째로 단일한 척도를 사용하게 되므로 여러 개인의 데이터가 서로에게 의미를 가지게 된다. 철수가 "뭐 그럭저럭"이라고 말한 기분과 영희가 "좋아요"라고 한 기분의 정도를 서로 비교할 수 있다. 영희의 표현인 "좋아요"가 "뭐 그럭저럭"인 철수의 표현보다 더 긍정적인 것처럼 들리지만 실제 수치로 표현된 데이터는 반대가 될 수 있음에 유의하자. 또한 동일한 관찰 대상자의 서로 다른 날의 기분도 비교 가능하게 된다. 철수의 그제와 오늘의 기분을 "최악"과 "안 좋아"라는 정성적인 표현에 의거해서는 비교 자체가 성립하기 어렵다.

두 번째, 요약 통계 값을 사용함으로써 전반적인 비교가 가능해진다. 영희 기분의 3일간 평균 수치는 $\frac{(4+3+5)}{3}$=4다. 반면, 철수의 평균 수치는 $\frac{(1+4+1)}{3}$=2이므로 그동안 영희가 철수보다 더 기분이 좋았다고 볼 수 있다. 추가로 그제와 오늘은 철수보다 영희가, 그리고 어제는 철수가 더 기분이 좋았을 것이라고 추정할 수 있다.

그렇다. 뭐 전혀 어려울 것은 없어 보인다. 숫자로 정도를 표시한 후 그 수치를 요약할 수 있는 평균과 같은 하나의 지표로 만들면 우리가 읽을 수 있는 숫자가 나올 것이고 그 숫자의 의미가 바로 그 데이터가 의미하는 바일 것이다.

그런데 우리가 그 숫자의 의미를 어떻게 파악하는지 생각해 보자. 예를 들어 5와 7이 있다고 하자. 이 숫자에 대해 '5보다는 7이 2만큼 크다', '뭐, 서로 많이 차이가 나지는 않는다' 정도의 직관적인 느낌으로 이 숫자의 의미를 판단한다면 우리가 가진 숫자에 대한 직관이 얼마나 잘 동작하며 어디까지 믿어야 하는지 살펴볼 필요가 있다.

이번 장에서는 우리가 숫자를 우리의 직관이 이끄는 곳과는 조금 다른 관점에서 보아야 하는 경우에 대해 알아본다.

대가족은 범죄의 온상

'범죄자는 대부분 형제 자매가 많다. 따라서 가족 구성원이 많은 환경에서 성장할수록 범죄를 잘 저지른다'라는 주장이 있다. 이 주장을 검증하기 위해 교도소에 수감된 범죄자의 성장 환경을 조사하였더니 그들이 성장한 가족의 평균 구성원 수가 우리 사회의 가족당 평균 구성원 수보다 더 컸다고 한다.

자, 그러면 이제 범죄자는 대가족 출신이 많다는 것을 증명한 것일까? 너무나 당연한 결론으로 보인다. 다시 한번 읽어 보아도 범죄자가 성장한 가족을 조사했더니 그 가족 구성원 수의 평균이 우리 사회의 가족당 구성원 수의 평균보다 크다는 것은 당연히 범죄자가 대가족 출신인 경우가 많다는 것과 동일한 내용으로 보인다.

그러나 결과는, 놀랍지만 그렇지 않다. 위와 같은 방식의 조사는 실질적으로 증명한 것이 아무것도 없다. 왜냐하면 사실 대부분의 사람은 우리 사회의 가족당 구성원 수의 평균보다 더 많은 구성원을 가진 가족 출신이기 때문이다. 따라서 범죄자 역시 일반적인 사람과 다를 바 없다면 그들 가족의 평균 구성원 수가 우리 사회의 가족당 구성원 수 평균보다 큰 것은 당연하다.

왜 그럴까? 그 이유는 가족 구성원 수의 평균과 가족당 구성원 수의 평균은 같은 의미가 아니기 때문이다. 전자는 사람이 기준이고 후자는 가족이 기준이다. 앞의 예에서 우리는 범죄자가 속한 가족 구성원 수의 평균과 전체 사회에서의 가족당 구성원 수의 평균을 비교하였다. 하지만 이는 동일한 기준에 의한 비교가 아니다.

이해를 돕기 위해 실제 예를 통해 두 값을 각각 구해 보고 서로 간의 차이점을 확인해 보자. 먼저 계산의 편의를 위해 자녀의 수를 가족 구성원의 수로 간주하자. 전체 사회의 가족 수가 다섯 가족이라고 가정하자. 여기서 한 가족만 두 자녀이고, 나머지 네 가족은 한 자녀를 가진다고 하자.

먼저 가족 구성원 수의 평균을 구해보자. 전체 아이 수는 여섯 명이다. 가족 수는 자신을 포함한 수다. 따라서 자녀가 하나인 네 가족은 각각 가족 구성원의 수가 1+1+1+1이다. 두 자녀인 한 가족은 자녀가 A와 B라고 할 때 A의 가족 구성원의 수는 2이고, B의 가족 구성원의 수도 2이기 때문에 2+2가 가족 구성원의 수이다. 아이가 속한 가족 구성원 수의 평균은 각 가족 구성원 수를 아이 수로 나눠 구할 수 있다. 따라서 $\frac{1+1+1+1+(2+2)}{6명}=\frac{8}{6}=\frac{4}{3}=1.333\cdots=1.\dot{3}$이 아이가 가진 가족 구성원 수의 평균이 된다(아이 기준).

한편 가족당 아이의 수 평균은 전체 사회에 속한 아이의 수를 전체 가족의 수로 나눔으로써 구할 수 있으며 $\frac{1+1+1+1+2}{5가족}=\frac{6}{5}$가 가족당 아이의 수다. 따라서 전체 사회의 가족당 구성원의 평균은 1.2명이다(가족 기준).

위와 같이 가족 혹은 아이 어느 쪽을 기준으로 삼는지 여부에 따라 평균적인 가족의 크기는 달라지며 그러한 이유로 다음과 같은 일견 모순적인 상황(대부분의 아이는 보통의 가족 수보다 더 많은 구성원을 가진 가족 출신)이 발생한다. 다시 말하자면 굳이 범죄자만 특별히 그런 것은 아니다.

천생 연분

지금까지 생일이 같은 사람을 만난 적이 있는지 모르겠다. 아마 없거나 있더라도 한두 명에 지나지 않았을 것이다. 일년은 365일이니 누군가와 생일이 같을 확률은 $\frac{1}{365}$=0.27% 정도가 된다. 1%도 되지 않으니 생일이 같은 사람을 찾기 힘든 것이 당연하다. 이렇다 보니 어쩌다 생일이 같은 사람을 만난다면 왠지 나와 무언가 인연이 있을 것이라는 생각이 들 만도 하다.

자, 이제 30명이 모인 모임이 있다고 하자. 이 모임에 참석한 사람 중에 생일이 같은 쌍이 나올 확률은 얼마나 될까?

우리의 수치에 대한 직관은 한 사람과 생일이 같을 확률이 0.27%라고 했으니 넉넉하게 0.3%에 30배를 해서 9% 정도라고 어림잡을 수 있으며 그렇게 크지 않다고 생각한다. 그런데 정말 그럴까?

계산을 위해 생일이 같은 쌍이 존재할 사건의 여집합인 사람들의 생일이 모두 다른 경우를 생각해 보자. 모임에 속한 사람이 두 명인 경우 첫 번째 사람의 생일은 1년 중 아무 날이나 상관없고 두 번째 사람은 첫 번째 사람의 생일날만 아니면 된다. 따라서 확률은 $\frac{365}{365} \times \frac{(365-1)}{365}$ 이다.

세 명인 경우 앞의 두 사람은 두 명의 경우와 동일하고 세 번째 사람의 생일은 첫 번째와 두 번째 사람의 생일과 겹치면 안 되므로 $\frac{365}{365} \times \frac{(365-1)}{365} \times \frac{(365-2)}{365}$ 가 된다.

모임에 참가한 사람의 수가 n명이라고 하면 $\frac{365}{365} \times \frac{(365-1)}{365} \times \frac{(365-2)}{365} \times \cdots$ $\times \frac{(365-(n-1))}{365}$이 되어 결국 n명의 모임에서 사람들의 생일이 모두 다를 확률은 $\frac{365!}{365^n(365-n)!}$가 된다.

생일이 겹치는 사람이 존재할 경우는 전체에서 생일이 모두 다른 사건을 **빼면** 되므로 n명이 모인 모임에서 생일이 같은 사람이 존재할 확률은 $1 - \frac{365!}{365^n(365-n)!}$가 된다.

따라서 30명의 모임에서 생일이 같은 쌍이 존재할 확률은 70.6%가 된다. 생각보다 굉장히 큰 수치이다. 앞서 추측한 9%와는 전혀 다르다.

이렇게 된 이유는 생일이 같은 쌍이 존재하는 사건과 내 생일과 동일한 사람이 있을 사건은 다르다는 점에 있다. 굳이 내가 아니라 모임에 소속된 여러 사람 중에 생일이 서로 같은 둘을 찾을 확률이기 때문이다. 그리고 이 비율은 모임의 참석자 수가 늘어남에 따라 매우 크게 증가한다. 참고로 n이 50명이면 97%가 되고 70명이면 99.9%이다.

30년 전에는 한 학급의 학생 수가 60명 정도였다. 아마도 분명히 서로 생일이 겹치는 친구들이 있었을 것이다. 그때 태어난 날을 서로 말해보는 시간이 있었다면 생일 정도 겹친다고 인연까지 들먹일 정도는 아니라는 것을 일찍 깨달았을 것이다.

스포츠카와 염소

유명 퀴즈 쇼 진행자의 이름을 따서 만든 '몬티 홀 문제'라는 것이 있다. 내용은 다음과 같다.

퀴즈 쇼의 참가자에게 세 개의 문 중 하나를 선택할 기회를 준다. 두 개의 문 뒤에는 염소가 있고 나머지 한 개의 문 뒤에는 고급 스포츠카가 준

비되어 있다. 참가자는 한 개의 문을 선택할 수 있고, 선택한 문 뒤에 고급 스포츠카가 있다면 그것을 상품으로 받는다. 그가 하나의 문을 선택하고 나면 쇼 진행자는 선택하지 않은 두 개의 문 중 염소가 있는 문 하나를 열어서 참가자와 관객에게 염소를 보여 준다. 이때 진행자가 참가자에게 처음 선택한 문을 바꿀 기회를 준다면 그는 문을 변경하는 것이 더 나은 선택일까, 아닐까?

처음 세 개의 문 중 하나를 고를 때 이 문 뒤에 스포츠카가 있을 확률은 $\frac{1}{3}$이다. 세 개의 문 중 하나의 문 뒤에는 차가 있고 나머지 두 개의 문 뒤에는 염소가 있을 터이니 당연하다. 이 문제를 접한 대부분의 사람은 그 다음에 진행자가 염소가 있는 문을 하나 열어 보여준들 스포츠카가 들어있는 문의 위치가 바뀌지 않는 이상 먼저 선택한 문을 고수하든, 바꾸든 문 뒤에 차가 있을 확률은 같다고 생각한다. 정말 그랬다면 몬티 홀 문제가 이렇게 유명해지지도 않았을 것이다.

선택을 바꾸어야 한다, 이것이 정답이다. 더 정확히는 그냥 선택을 유지하는 것보다 스포츠카를 얻을 확률이 두 배로 높아진다. 정말 그럴까?

세 개의 문을 A, B, C라 하고 스포츠카가 있는 문이면 O, 염소는 X라고 표시하자. 이 경우 스포츠카와 염소가 문 뒤에 존재할 경우는 다음의 세 가지 경우가 나온다.

	A	B	C
Case 1	O	X	X
Case 2	X	O	X
Case 3	X	X	O

참가자가 처음에 A문을 선택했다면

	A	B	C
Case 1	O	X	X
Case 2	X	O	X
Case 3	X	X	O

Case 1인 경우에 성공하므로 첫 번째 선택을 고수할 경우 스포츠카를 상품으로 획득할 확률은 $\frac{1}{3}$이다.

그런데 이제 참가자가 고르지 않은 B, C 중 사회자가 염소가 들어가 있는 문을 하나 열어 보여주면 아래와 같이 된다. 단, Case 1의 경우 염소가 들어있는 B, C 중 아무 문이나 열 수 있지만 어느 문을 열든 결과는 같다. 여기서는 B문을 열었다고 하자.

	A	B	C
Case 1	O	사회자가 문을 열어 문 뒤 염소를 보여준다	X
Case 2	X	O	사회자가 문을 열어 문 뒤 염소를 보여준다
Case 3	X	사회자가 문을 열어 문 뒤 염소를 보여준다	O

자, 이제 참가자가 앞서 선택한 A가 아니라 다른 문으로 선택을 바꾸면 Case 1은 C를 고르게 되므로 실패, Case 2의 경우 B를, Case 3은 C 문을 열게 되므로 성공한다. 따라서 선택을 바꾸면 스포츠카를 얻을 확률이 $\frac{2}{3}$로 증가한다.

이러한 결과가 독자 여러분에게 직관적으로 받아들여지지 않았다고 해서 실망할 필요는 없다. 이 문제는 세계에서 가장 지능지수가 높다고 자부하는 마릴린 보스 사반트가 퍼레이드에 연재하는 컬럼 '마릴린에게 물어보세요'에서 소개되어 유명해졌다. 이 컬럼의 질문 수준은 그야말로 흥미 본위란 말에 어울리는데 몇몇 질문을 옮겨 보면 다음과 같다.[*]

- 마릴린 먼로와 이름이 같은데 혹시 친척인가요?
- 서머 타임으로 낮이 길어지는데 이것이 지구 온난화에 기여했을까요?
- 꿈 속에서는 안경을 쓰지 않아도 잘 보이는데 왜 그럴까요?

몬티 홀 문제를 소개하고, 그 풀이로 선택을 바꾸어야 한다고 주장한 내용의 컬럼이 실린 잡지가 발행되자 수학자를 포함한 수많은 사람이 발끈하여 항의 편지를 출판사와 사반트에게 보내기까지 하는 한바탕 소동이 벌어졌다.[**] 하지만 결국은 사반트의 설명이 옳다는 것을 모두 인정할 수밖에 없었다.

평생 수학적 추론을 연마한 전문가조차도 이렇게 간단하게 보이는 문제에서 오류를 범하는 경우가 있으니 우리와 같은 일반 사람이 가지고 있는 수치에 대한 직관을 무턱대고 믿을 이유는 더더욱 없다.

일어나지 않을 법한 일

어렸을 때 읽은 추리 소설 중에 다가오는 주말에 벌어질 경마의 우승마가 적힌 편지를 받은 사람이 등장하는 작품이 있었다. 누군가 자신에게 장난을 하는 줄 알고 그 편지를 쓰레기통에 버린 이 사람은 막상 그날 벌어진

----

[*] 존 맥스웰, 〈인생의 주요한 순간에 다시 물어야 할 것들〉, 비즈니스북스, 2015
[**] 여기와 관련된 소동은 폴 호프만, 〈우리 수학자 모두는 약간 미친 겁니다〉 p. 305, 승산, 1999.
　이책에 설명되어 있다.

네 번의 경주에서 편지에 적힌 각각의 말이 정말 이긴 것을 보고 소스라치게 놀란다. 그 후 다시 익명의 편지가 오는데 이번에는 큰 돈을 준비해 오면 다음 경주에 입상할 경주마를 알려주겠다는 내용이었고, 너무나 이상한 전개에 의심을 품은 그가 탐정에게 이 일의 전말을 밝혀 주기를 의뢰하는 내용이었다.

오래 전 일이라 책 제목조차 잊어버렸지만 이 대목만은 아직도 생생히 기억에 남아있는 이유는 아무리 생각해 봐도 우승마를 경주마다 맞추는 건 불가능해 보이는데 작가가 대체 어떤 식으로 그럴싸하게 설명할지 너무도 궁금했기 때문이다. 정말 미리 우승마를 알 방법이 있다면 굳이 편지로 타인에게 알려줄 것이 아니라 자신이 경마를 하면 될 터이니 분명히 속임수가 있을 텐데 그 방법을 추측할 단서조차 생각나지 않았다.

결국 소설의 마지막에서 이 트릭의 전모가 밝혀지는데 이 사기꾼의 방법은 요즘 말로 하면 브루트 포스(brute force, 무차별 대입 공격)이었다. 예를 들어 설명하자면 다음과 같다.

각각 일곱 마리의 말이 네 번의 경주를 한다고 하자. 그러면 첫 번째 경주 우승마는 첫 번째 경주에 참가한 일곱 마리 중 한 마리다. 두 번째 경주 역시 우승마는 두 번째 경주에 참가한 말 일곱 마리 중 하나다. 그러면 첫 번째 경주와 두 번째 경주의 우승마 두 마리를 차례로 나열하는 방법은 $49(7 \times 7)$가지다. 이런 식으로 네 번의 경주 우승마 네 마리는 $2,401(7 \times 7 \times 7 \times 7)$가지 경우를 나열하면 그중 하나가 된다.

따라서 이 사기꾼은 이 2,000가지가 넘는 우승마의 조합을 각각 다른 사람(2,401명)에게 보낸 것이다. 대부분의 사람은 장난으로 받아들이고, 또 편지에 쓰여진 각각의 말이 1등도 아니었지만 편지를 받은 사람 중 한 사람에게는 주말 경마 결과를 모두 귀신처럼 미리 알아 맞춘 영험하기 그지없는 편지가 되었을 것이고, 사기꾼은 주말에 치러진 경마의 결과를 보고 이제 누구에게 돈을 요구하는 편지를 다시 보내야 할지를 결정할 수 있게 된 것이다.

우리는 확률이 굉장히 낮은 일이 발생하면 우연이 아니라 어떠한 이유가 있다고 생각한다. 어찌 보면 당연한 일이다. 예를 들어 동전을 던지는데 계속 앞면만 나오고 있다. 한 번, 두 번은 그렇다 쳐도 일곱 번, 여덟 번째에도 앞면이 나온다면 동전을 의심하고 혹시 두 면 모두 앞면 모양이 새겨진 건 아닌지 확인해 보는 것이 합리적이다. 그런데 검사해 본 동전이 지극히 정상이라면 어떨까?

1992년도 노벨상 수상자인 조르주 사르파크가 쓴 『신비의 사기꾼들』에 다음과 같은 사례가 소개되어 있다.

사회자는 중앙 카메라 쪽으로 몸을 돌린다. 그리고 매우 진지하면서도 약간은 미소 띤 표정으로 카메라를 정면으로 응시하면서 다음과 같이 말한다. "시청자 여러분, 집에 있는 전등을 모두 켜십시오!" 그리고는 다시 심령술사에게 몸을 돌려 질문한다. "당신은 정말로 시청자의 집 전등을 끌 수 있다고 생각합니까?"

심령술사는 자신의 기를 보내 실시간으로 시청자의 집 전등을 끄려 시도하고, 믿을 수 없게도 방송국으로 자신의 집 전등이 꺼져 버렸다는 시청자 전화가 빗발친다.*

* 조르주 사르파크, 앙리 브로크, 〈신비의 사기꾼들〉 p. 102, 궁리, 2002

어떻게 이런 일이 가능할 수 있는지 살펴보자. 2016년 기준 한국의 가구 수는 약 2,000만 가구다.* 따라서 시청률이 5%만 되어도 100만 가구가 보고 있다는 의미이다. 한 집에 전등이 다섯 개는 있다고 가정하자. 그러면 TV 쇼가 진행되는 동안 약 500만 개의 전등이 켜져 있을 것이다. 그런데 백열등의 경우 기대 수명은 1,000시간에 불과하다.** 따라서 TV 쇼가한 시간 동안 진행된다고 하면 500만을 1,000으로 나눈 5,000개의 전등은 쇼가 방영되는 한 시간 중에 자연적으로 그 수명을 다하게 된다. 그러니까 최소 1,000 가구에서 하나 이상의 전등이 TV쇼 시청을 하던 도중 기대 수명이 다했기 때문에 자연스럽게 꺼지게 된다.

TV 쇼가 진행되던 도중 멀쩡했던 우리 집 전등 하나가 정상적으로 수명이 다해 꺼져 버릴 확률은 1,000분의 1에 지나지 않지만 켜져 있는 전등 숫자가 500만 개 정도 되면 5,000개 정도는 꺼져 나가야 하는 것이 정상이며 오히려 전등이 하나도 나가지 않았다면 이것이 진짜 이상한 상황, 기적이라고 간주될 사건이 된다.

로또는 1부터 45까지의 숫자 중 여섯 개를 맞히는 복권이다. 45개 중 여섯 개를 선택하는 경우의 수는 $\binom{45}{6}$이므로 $\frac{45!}{6!(45-6)!}$이 되어 8,145,060, 그러니까 800만 가지가 넘는다(부록에서 수학기호의 의미에 대해 찾아볼 수 있다). 그러므로 내가 로또 한 장을 샀을 때 1등에 당첨될 확률은 어림

....
* 통계청, 2016 인구주택총조사 전수 집계 결과 보도자료, http://kostat.go.kr/portal/korea/kor_ nw/2/2/1/index.board?bmode=read&bSeq=&aSeq=362609&pageNo=1&rowNum=10&nav Count=10&currPg=&sTarget=title&sTxt=
** 위키피디아 백열등, https://ko.wikipedia.org/wiki/백열등. 요즘 주로 사용되는 LED등의 경우 백열등 수명의 30배인 3만 시간까지 수명이 늘어났다. 따라서 요즘 이런 쇼를 하면 호응이 예전보다 덜 할 공산이 크다. 기술의 발전은 심령술사도 어렵게 만든다.

잡아 800만 분의 1이다. 따라서 로또를 한 장 산다는 것을 몬티 홀 문제에 빗대면, 800만 개의 문 뒤에 스포츠카 한 대와 염소 7,999,999마리가 서 있는데 내가 고른 문 뒤에 스포츠카가 있기를 기대하는 것과 비슷하다. 그런데 거의 매주 1등 당첨자가 나온다. 그것도 한 명이 아니라 몇 명씩이나. 어떻게 이런 일이 발생할 수 있을까?

2016년 한국에서 판매된 로또 게임 수는 35억 회이다. 1년은 52주이므로 회차당 평균 6,700만 장이 팔린 셈이다. 그러면 1등 당첨 복권이 나올 기대값은 $\frac{6,700만}{800만} \cong 8.4$가 되니 매주 1등 당첨자가 여덟 명은 나올 수 있다고 생각해야 한다. 800만 분의 1이라는 희박한 확률을 뚫고 상금을 타가는 사람이 생기는 이유가 이제 이해가 가는가? 수많은 사람이 그 낮은 확률을 상쇄하고도 남을 만큼 로또 복권을 무지막지하게 사기 때문이다.

블라인드 테스트

존 스컬리라는 이름을 들어본 적이 있는지 모르겠다. IT 업계에 관심이 있는 사람이라면 애플 사를 설립한 스티브 잡스가 "설탕물이나 팔며 나머지 인생을 보내겠습니까, 아니면 나와 함께 세상을 바꿔보고 싶습니까?"라는 말로 영입한 사람이라고 하면 이해가 쉬울 것 같다.

워낙 스티브 잡스가 잘 알려지고 높게 평가받다 보니 존 스컬리는 잡스의 배려로 애플 사에 들어오게 해 주었더니 은혜도 모르고 이사회를 선동해 잡스를 쫓아낸 배신자 정도로 치부되는 경향이 있다. 그런데 알고 보면 그 설탕물을 팔던 회사는 펩시였고, 존 스컬리는 매양 2등이었던 펩시를 코카콜라와 버금가는 브랜드로 키워낸 마케팅 전문가였으며 이미 그 공을 인정받아 펩시의 CEO로 재직 중이었다. 존 스컬리가 코카콜라를 따라잡기 위해 만든 마케팅 중 하나가 바로 1975년부터 시작한 '펩시 챌린지'다.*

펩시 챌린지는 일반인을 대상으로 상표가 가려진 두 잔의 콜라를 마시게 한 후 어느 쪽이 더 나은지 선택하게 하는 단순한 체험 프로그램이었다. 그 결과 당시 사람들의 통념과는 다르게 브랜드 인지도가 훨씬 떨어졌던 펩시의 제품을 선택하는 시음자가 더 많았다. 특히 TV 광고로 자신이 고른 콜라가 지금까지 마셨던 코카콜라가 아니라 펩시란 걸 확인하고 놀라는 시음자의 표정을 극적으로 보여줌으로써 펩시에 대한 기존의 이미지를 크게 바꿔 놓는 데 성공했다.

존 스컬리는 코카콜라보다 단맛이 강한 펩시가 당시 콜라를 마시던 주 대상 층의 입맛에 맞을 것이란 믿음이 있었다. 결과가 반대로 나왔다면 마케팅에 쏟은 비용도 문제가 되겠지만 대중의 웃음거리가 되어 이미지에 치명적인 타격으로 돌아올 것이 뻔히 보이는데도 불구하고 제품에 대한 확신으로 블라인드 테스트 마케팅을 전국적으로 시행하는 결정을 내렸고 그 결과는 그 어떤 설탕물보다 더 달콤했다.

이와 비슷한 맥락의 사건을 1981년 조지프 슐리츠 양조 회사가 벌였다.** 19세기 중반에 설립된 이 회사는 1930년대 세계에서 가장 큰 맥주 회사로 성장했지만 1970년대에 그 위세를 잃고 휘청거리다 1980년 파산의 위기감 속에 빠지게 된다. 1981년 회생의 마지막 기회를 잡기 위해 건곤일척의 마케팅을 기획하게 되는데 바로 전 세계 1억 명의 시청자가 보는 슈퍼볼 하프타임 광고를 사서 시장점유율 1위인 경쟁사 맥주와 1:1 블라인드 테스트를 생방송으로 내보내는 것이었다.

....

* 펩시 챌린지, https://en.wikipedia.org/wiki/Pepsi_Challenge
** 조지프 슐리츠 양조 회사, https://en.wikipedia.org/wiki/Joseph_Schlitz_Brewing_Company

그런데 앞서 펩시의 경우와 다르게 자신들의 맥주가 시음자의 입맛에 더 맞을 것이란 확신이 없었다. 그럼에도 그들은 블라인드 테스트의 시음자를 경쟁사 맥주를 더 좋아한다는 사람으로 뽑았다. 대체 어떤 생각으로 세계에서 가장 비싼 광고 시간대를 170만 달러나 들여 사 놓고 이런 일을 벌였을까?

맥주의 제조 방법은 전통적인 '상면 발효 방식'과 대량 생산에 적합한 '하면 발효 방식'으로 나뉜다. 그리고 우리가 접하는 맥주는 주로 하면 발효 방식 중 하나인 라거 맥주다.* 라거는 색이 투명한 황금빛이 특징이며 향이 거의 없고 탄산이 강한 특징이 있다.

조지프 슐리츠 양조 회사는 두 가지를 믿었다.

첫째, 경쟁 회사의 맥주 역시 라거이고, 대량 생산된 라거의 맛은 어느 회사에서 만들어내나 비슷하다. 따라서 블라인드 테스트에서 두 제품의 맛을 구별하는 시음자는 거의 없을 것이다.

둘째, 두 제품의 맛을 구별하지 못한다고 할 때 100명의 시음자 중 60명 이상이 경쟁사의 맥주를 선택하는 확률은 3%에 미치지 않는다. 따라서 참가자의 절반 정도는 조지프 슐리츠의 제품을 고를 것이다(어떻게 3%라고 예상할 수 있는지는 3장 58쪽, 이항 분포에 대해 소개한 후 알아보기로 한다).

그리고 여기서 이 마케팅의 교묘함이 드러나는데, 이 블라인드 테스트의 시음자는 경쟁사의 맥주를 선호하는 사람으로 뽑았다는 것을 기억하자. 따라서 광고를 보는 사람은 경쟁사의 맥주만 마시고 있다고 자신하는 시음자 중에 절반이나 조지프 슐리츠가 더 맛이 좋다고 선언하는 모습을 보게 되었다.

....

* 맥주, https://ko.wikipedia.org/wiki/맥주

실제 뚜껑을 열어 보니 블라인드 테스트의 실제 결과는 조지프 슐리츠 맥주가 더 맛있다고 손들어준 시음자의 비율이 정확히 50%였다. 이 광고는 확률과 통계에 의해 고도화된 마케팅 전략을 잘 보여준 예가 되었다.[*]

지금까지 숫자를 바라보는 우리의 직관이 실패하는 여러 경우를 살펴보았다. 이러한 진흙 웅덩이와 가시 덤불을 잘 비켜갈 수 있다면 다른 사람이 보지 못한 것을 보고, 이들보다 앞서 유리한 자리를 차지할 수 있다.

다음 장에서는 데이터를 바라보는 틀을 규정하는 방법에 대해 알아본다.

---

[*] 찰스 윌런, 〈벌거벗은 통계학〉 p. 136, 책 읽는 수요일, 2013
하지만 이런 필사적인 마케팅에도 불구하고 1981년 결국 새 주인을 맞는 운명을 겪어야 했다. 소비자가 맛을 구별하지 못하기 때문에 가능한 마케팅이었지만 결국 맛으로 구별할 수 없는 제품을 더 맛이 있다고 광고해야 했다는 것이 아이러니라 하겠다.

요약

서로 다른 항목 간의 비교를 위해서는 수치로 바꾸어 데이터로 만드는 것이 필수적이다. 더욱이 데이터에 포함된 여러 수치를 대표하는 평균과 같은 요약 통계 값은 데이터를 하나의 숫자로 간명하게 표현하는 방법을 제공한다.

평균은 단일 숫자로 표현되어 이해하기 쉽고 널리 사용된다. 하지만 이것 역시 통계 수치이므로 서로 비교할 때 주의를 기울여야 한다.

사건이 일어날 확률을 계산할 때에는 이 사건이 정의한 범위가 어느 만큼인지 확인해 보는 것이 필요하다. 내 생일과 같은 사람을 찾는 경우와 여러 사람 중에 생일이 서로 같은 둘을 찾는 경우는 전혀 다른 이야기다.

특정한 종류의 사건이 일어날 확률은 고정되어 변하지 않는다고 생각하기 쉽다. 조건부 확률은 어떤 사건이 일어날 확률을 개별 조건이 발생할 경우로 나누어 생각할 수 있게 한다.

우리가 매주 로또 복권을 한 장씩 산다면 1등에 당첨되기까지 약 800만 주차, 그러니까 15만 년 정도가 걸린다. 그런데 어떻게 매주 1등 당첨자가 몇 명씩이나 나올까? 그 이유는 매주 800만 장 이상의 로또가 팔리기 때문이다. 속설 그대로 물량에는 장사가 없다.

Chapter 3

확률과 통계의 함정

심리역사학은 일종의 군집생태학으로 인간 행위를 수학 방정식에 대비해서
미래를 예견하는 학문이다. 셀던은 인간 개인과 달리 인간 집단은 통계를 통해서
미래 행동을 예측할 수 있다는 사실을 발견했다. 대상으로 삼는
인간 집단의 규모가 클수록 정확성도 늘어난다.
– 아이작 아시모프, 『제2파운데이션』

독립 사건

앞서 개연성, 즉 '그 일이 얼마나 일어날 만한 일인가?'의 정도를 선택의 기
반으로 하는 것이 합리적인가에 대해 이야기한 바 있다. 그 결과, 두 가지
측면에서 보완할 점이 있었는데 첫 번째, 현실 자체와 우리가 생각하는 현
실에 대한 인식은 다를 수 있다는 것이었고 두 번째, 사람마다 각자 그럴싸
하다고 생각하는 정도가 다를 수 있기 때문에 그 정도를 서로 비교할 방법
이 필요하다는 문제를 제기했다.

현실 그 자체와 우리가 생각하는 현실과의 인식 차이에 대한 논의는 철
학의 영역*으로 남겨두고 여러 사람이 동의할 수 있는 '그럴싸하다'의 정도

---

* 철학 중에서도 인식론의 영역이다. 어느 사악한 존재가 우리를 구속하고 모든 감각을 차단한 후 세
계의 사물이 줄 수 있는 자극을 흘려주고 있는 것일 수 있다는 데카르트의 악마 가설이나 통 속의 뇌
(https://ko.wikipedia.org/wiki/통_속의_뇌를 참조하라. 영화 〈매트릭스〉 3부작은 인공 자궁에서
태어난 사람들이 인공지능이 에뮬레이션한 가상의 세상을 살아가는 것을 배경으로 한다.

를 표준화할 수 있는 방법에 대해 알아보자.

동전을 던지면 앞면과 뒷면이 나올 확률이 각각 절반, $\frac{1}{2}$이다. 그리고 동전을 던져 앞/뒷면이 나오는 사건은 서로 독립이다. 다시 말해 이전에 어떤 면이 나왔든지 동전의 앞/뒷면이 나올 확률은 $\frac{1}{2}$로 고정되어 서로 영향을 주지 않는다. 어떻게 보면 당연한 이야기를 다시 꺼낸 이유는 우리는 이성적으로는 그렇다고 생각하지만 실제로는 그렇게 행동하지 않기 때문이다.

동전을 한 번 던져 앞면이 나왔다고 하자. 그리고 다시 동전을 던졌는데 또 앞면이 나왔다. 이제 또 동전을 던졌을 때 앞면이 나올 확률은 얼마일까? 그렇다. $\frac{1}{2}$이다. 정상적인 동전이라면 몇 번을 던지든지 바뀔 이유가 없다.

그런데 동전을 아홉 번 던져 모두 앞면이 나온 경우를 생각해 보자. 이제 열 번째 동전이 앞면이 나올지 뒷면이 나올지, 돈을 걸어야 한다면 어디에 걸겠는지 생각해 보자. 동전은 정상적인 앞/뒷면이 나올 확률이 서로 같다고 가정한다.

연속으로 아홉 번이나 앞면이 나온 상황이다. '이제 뒷면이 나올 차례가 되지 않았나'는 생각이 절로 난다. 왠지 뒷면에 걸고 싶다는 강한 충동을 잠시 진정시키고, 앞면이 아홉 번 연속으로 나온 후 다시 앞면이 나올 경우와 앞면이 아홉 번 연속으로 나온 후 뒷면이 나올 사건이 발생할 확률을 각각 계산한 후 비교해 보자.

첫 번째 동전이 앞면이 나오는 사건의 확률은 $\frac{1}{2}$이다. 두 번째 동전이 앞면이 나오는 사건의 확률 또한 $\frac{1}{2}$이다. 그런데 첫 번째 동전이 앞면이고 두 번째 동전도 앞면인 사건이 발생할 확률은 $\frac{1}{4}$이다. 왜냐하면 서로 독립인 사건, 즉 서로 영향을 미치지 않는 사건이 각각 동시에 발생할 확률은 개별 사건이 발생할 확률의 곱이기 때문이다. 그렇기 때문에 아홉 번 연속 앞면이 나오는 사건의 발생 확률은 $\frac{1}{2}$을 아홉 번 곱한 $\left(\frac{1}{2}\right)^9 = \frac{1}{512}$이 된다. 그러면 아홉 번 앞면이 나온 후 다시 앞면이 나올 확률은 $\frac{1}{512} \times \frac{1}{2} = \left(\frac{1}{2}\right)^{10} = \frac{1}{1024}$이 된다.

그렇다. 1,000분의 1보다 작은 아주 희박한 확률이다. 이렇게 계산해 보니 열 번 앞면이 연속으로 나올 확률은 너무 작아서 거의 발생하지 않을 성 싶다.

그럼 열 번째 던졌을 때 뒷면이 나올 확률은 어떨까? 문득 드는 생각으로 $1 - \frac{1}{1024} = \frac{1023}{1024}$이 되어 앞면이 나올 확률인 $\frac{1}{1024}$보다 1,023배는 클 것 같다. 굳이 계산할 필요조차 없을 것도 같지만 '돌다리도 두들겨 보고 건너라'고 하니 아홉 번 앞면이 나오고 열 번째 뒷면이 나올 확률을 그래도 한 번 계산해 보자.

아홉 번 연속으로 앞면이 나올 확률은 앞서 계산한 바와 같이 $\left(\frac{1}{2}\right)^9$이고 이제 뒷면이 나올 확률인 $\frac{1}{2}$을 곱하여 계산할 수 있다. 그러면 아홉 번 앞면이 나온 후 뒷면이 나올 확률은 $\frac{1}{512} \times \frac{1}{2} = \left(\frac{1}{2}\right)^{10} = \frac{1}{1024}$이 된다. 따라서 아홉 번 앞면이 나온 후 다시 앞면이 나올 확률과 아홉 번 앞면이 나온 후 뒷면이 나올 확률은 같다. 따라서 열 번째 동전의 어느 면에 돈을 걸어도 상관없다는 결론이 나온다.

아무래도 이상한 결과라고 생각할지 모르겠다. 이것은 우리가 앞서 아홉 번 연속으로 앞면이 나오는 확률이 매우 희박하다는 것에 마음을 빼앗겨 여기에 연관된, 또 앞면이 나올 확률이 더 낮을 것이라는 강한 선입견을 가지게 되기 때문이다. 그런데 다시 한번 생각해 보면 열 번째에 뒷면이 나오는 사건 역시 굉장히 희귀하다. 이유는 앞선 사건과 같이 아홉 번 연속으로 앞면이 나온 후에 뒷면이 나오는 사건이기 때문이다. 따라서 열 번 연속해서 앞면이 나오는 사건과 아홉 번 연속으로 앞면이 나온 후 열 번째에 뒷면이 나오는 사건은 둘 다 발생할 확률이 매우 작기는 하지만, 아홉 번 연속으로 앞면이 나온 사건이 발생한 후에 동전을 던진 결과는 앞/뒷면이 나올 확률이 $\frac{1}{2}$로 서로 같다.

그렇다면 위에서 구해 보았던 $\frac{1023}{1024}$는 어떤 의미일까? 그 의미는 전체에서 열 번 모두 앞면이 나오는 경우를 뺀 사건이 발생할 확률이다. 다시 말해 우리가 비교하고자 한, 아홉 번 연속으로 앞면이 나온 후에 뒷면이 나오는 확률이 아니라 열 번 던져 한 번이라도 뒷면이 나오는 경우가 발생할 확률을 구한 것이다.

혹시 수학적, 확률적으로는 그럴지 모르겠지만 실제 생활에서는 그렇지 않다고 생각할지 모르겠다. 그렇게 생각하는 것에도 충분한 이유가 있는데 그건 바로 '큰 수의 법칙' 때문이다.

큰 수의 법칙

어떤 사건이 발생할 확률을 p라고 하자. 예를 들어 동전을 던졌을 때 동전의 앞면이 나오는 사건은 p가 $\frac{1}{2}$이 된다. 이제 n번 동전을 던져 앞면이 r번 나왔다고 하자. 이 경우 n번 시행해서 사건이 r회 발생했다고 말한다. 큰 수의 법칙은 시행을 많이 하면 p와 $\frac{r}{n}$의 차이가 0에 가까워진다는 것이다.* 다시 말해 동전을 굉장히 많이 던진 후 앞면이 나온 횟수를 전체 던진

---

* 큰 수의 법칙은 아래와 같이 표현할 수 있다.

사건 A가 발생할 확률을 p라고 하고 n번의 독립 시행에서 사건 A가 r번 일어난다 하자. 이때,

$$\forall \varepsilon > 0, \ \lim_{n \to \infty} Prob\left(\left| \frac{r}{n} - p \right| < \varepsilon \right) = 1$$

횟수로 나누면 우리가 수학적으로 예측한 확률인 $\frac{1}{2}$에 충분히 가깝게 할 수 있다는 뜻이 된다.

이 큰 수의 법칙은 앞서 열 번째 동전의 앞면이 나올 확률이 $\frac{1}{2}$이란 이야기와는 사뭇 다른 이야기를 하는 것 같다. 분명 서로 독립인 사건은 앞서 어떤 사건이 일어났든 발생할 확률이 변하지 않는다고 했었다. 그런데 큰 수의 법칙에 의하면 결국 동전을 던진 횟수의 절반에서 앞면이 나와야 한다. 그러니 지금까지 아홉 번이나 연속으로 앞면만 나온 만큼 뒷면이 나와주어야 평균을 맞출 수 있을 테니 앞으로는 뒷면이 나올 확률이 더 큰 것 아니냐는 생각을 할 수 있다.

결론부터 이야기하자면, 그렇지 않다. 그 이유에 대해 알아보자.

첫째, 이 큰 수의 법칙은 평균에 대한 법칙이다. 따라서 한 번의 시행 결과에 대해서는 어떤 의미도 가지지 않는다. 그러므로 지금까지 어느 한쪽 면이 지나치게 부족하게 나왔다 하더라도 그 차이를 보정하기 위해 다른 쪽 면이 더 나올 것이라고 보장할 수 없다. 언젠가 앞면이 나온 횟수를 전체 동전을 던진 횟수로 나눈 값이 $\frac{1}{2}$에 가깝게 되기만 하면 된다. 다음의 경우를 보자.

$2k^2+k$번 동전을 던졌더니 앞면이 나오는 횟수가 k^2이고 뒷면이 k^2+k번 나온다고 하자. 그러면 다음 표와 같이 앞면과 뒷면이 나온다.

던진 횟수	앞면	뒷면	앞면/(앞면+뒷면)	뒷면 - 앞면
3	1	2	0,333333333	1
210	100	110	0,476190476	10
20100	10000	10100	0,497512438	100
2001000	1000000	1001000	0,499750125	1000
200010000	100000000	100010000	0,499975001	10000
20000100000	10000000000	10000100000	0,4999975	100000
2000001000000	1000000000000	1000001000000	0,49999975	1000000
200000010000000	100000000000000	100000010000000	0,499999975	10000000
20000000100000000	10000000000000000	10000000100000000	0,499999998	100000000
2000000001000000000	1000000000000000000	1000000001000000000	0,499999999	1000000000

던진 횟수가 커질수록 앞면과 뒷면이 나오는 횟수의 차이는 계속 증가하지만 전체에서 앞면이 차지하는 비율은 $\frac{1}{2}$에 점점 가깝게 되는 것을 확인할 수 있다.

둘째, 이 큰 수의 법칙은 얼마나 시행을 하면 성립할지 미리 알 수 없다. 이 법칙은 시행을 하다 보면 언젠가 수학적인 확률과 비슷한 정도로 '성공한 수/전체 시행 수'가 될 때가 오기는 한다는 의미다. 예를 들어 1억 번 연속으로 앞면이 나왔다고 하자. 그리고 또 1억 번 연속으로 뒷면이 나올 수 없을까? 물론 나올 수 있다. 아무리 연속으로 앞면이 많이 나온다 치더라도 결국 언젠가 그 횟수만큼 뒷면이 나오기만 하면 큰 수의 법칙은 성립한다. 설마 그런 경우가 발생할 턱이 없다고 생각할지 모른다. 그런데 이미 연속으로 1억 번 앞면이 나오는 사건이 벌어졌다면 이후 언젠가 뒷면이 1억번 발생할 확률을 터무니없다고 무시할 수는 없을 것이다.

큰 수의 법칙은 한 건의 사건이 발생할 확률에 대해서는 말해주지 않지만 전반적인 추세라는 점에서는 매우 강력한 힘을 발휘한다. 결국 많이 하기만 하면 언젠가는 수학적으로 예측한 확률값에 충분히 근사한다는 것을 보장하고, 또한 많이 하면 할수록 확실하기 때문에 얼핏 보아 위험하기까지 한 과감한 선택을 할 수 있게 된다.

　카지노에서 룰렛 게임을 해 본 적이 있는지 모르겠다. 이 게임은 빙글빙글 돌아가는 원판 위에 구슬을 던져 구슬이 멈춘 곳에 쓰여진 숫자에 판돈을 건 사람이 승자가 되는 단순한 게임이다. 구슬이 멈춘 숫자가 홀수인가 혹은 짝수인가에 걸 수도 있는데 맞출 경우 자신이 건 돈의 두 배를 받는다. 홀수, 짝수에 판돈을 거는 것으로 보면 아주 공정한 게임 같다. 왜냐하면 절반의 확률로 두 배의 이득을 기대할 수 있으므로 전체적인 기대값은 1이 되기 때문이다. 하지만 룰렛에는 1부터 36까지의 숫자만 있는 것이 아니라 0과 00이란 번호가 추가로 있어서 전체 숫자판의 개수는 38개다. 따라서 홀/짝에 거는 경우 도박사(게임 참가자)가 이길 확률은 $\frac{18}{38}=\frac{9}{19}$ $\cong47.4\%$가 된다.* 반면, 카지노가 이길 확률은 $\frac{20}{38}=\frac{10}{19}\cong52.6\%$이니(구슬이 0과 00에 멈추면 0과 00에 직접 베팅한 도박사가 아닌 한 딜러, 즉 카지노 측이 가져간다), 따라서 카지노는 이 5.2% 이득을 바라고 건물을 세우고 종업원을 고용하며 각종 공짜 음료와 판촉을 한다고 볼 수 있다.

　과연 이것으로 장사가 될까? 물론이다. 1,000원어치를 팔았는데 52원이 남는다고 하자. 고정된 이익률이 매출의 크기와 관계없이 보장되기만 한다면 매출을 크게 올리는 것으로 그에 비례하는 큰 이익을 기대할 수 있

---

* 00은 어떤 의미인지 잘 모르겠으나 0은 분명히 짝수다. 그러나 원래 도박판은 이런 세상의 이치가 항상 통하는 곳이 아니다.

다. 큰 수의 법칙이 이익률을 보장하므로 카지노는 매출을 올려 줄 사람을 데려 오기 위해서라면 무료 셔틀버스나 공짜 음료, 식사까지도 흔쾌히 제공하려 하는 것이다.

이항 분포

지금까지 동전의 앞/뒷면이 나올 확률은 몇 번을 던지든 변하지 않는다는 것(서로 독립이다)과 예상한 확률에 몇 번은 어긋나는 결과가 나올 수 있지만 굉장히 많이 던져 보면 결국 언젠가는 절반씩 앞/뒷면이 나올 것이라는 것(큰 수의 법칙)에 대해 알아보았다. 그러면서 동전을 열 번 던졌을 때 모두 앞면이 나올 확률과 열 번째에만 뒷면이 나올 확률을 구해 보았다(두 값 모두 $\frac{1}{1024}$로 같았다). 그러면 동전을 열 번 던졌을 때 앞면이 몇 개가 나올 것이라고 예상하는 것이 합리적일까? 이를 위해서는 앞면이 나오는 개수에 따른 확률을 계산해 본 후 그중 가장 큰 확률을 가진 경우를 찾아야 한다.

먼저 열 번 모두 앞면이 나올 확률을 생각해 보자. 열 번 연속으로 $\frac{1}{2}$의 확률인 앞면이 나오는 사건이 연속으로 발생해야 하므로 확률은 $\left(\frac{1}{2}\right)^{10} = \frac{1}{1024}$가 된다.

이제 한 번 뒷면이 나오고 아홉 번 앞면이 나올 확률을 생각해 보자. 앞서 계산했던 바와 같이 아홉 번 앞면이 나오고 뒷면이 나오는 $\left(\frac{1}{2}\right)^{9} \times \frac{1}{2} = \frac{1}{1024}$ 값이라고 생각할지 모르겠다. 실은 그렇지 않다. 앞서 계산한 경우는 아홉 번 앞면이 나온 후 뒷면이 나오는 경우를 구한 것이고 이번에 필요한 것은 열 번 중 뒷면이 한 번 나오고 나머지는 모두 앞면이 나오는 경우이다. 따라서 뒷면이 첫 번째에 나오거나 일곱 번째에 나올 수 있다. 경우를 따져 보면 아래의 표와 같으며 모두 열 가지 경우가 생긴다.

	1번째	2번째	3번째	4번째	5번째	6번째	7번째	8번째	9번째	10번째
1	뒤	앞	앞	앞	앞	앞	앞	앞	앞	앞
2	앞	뒤	앞	앞	앞	앞	앞	앞	앞	앞
...	...	...	...	...	...	...	...	...	...	...
9	앞	앞	앞	앞	앞	앞	앞	앞	뒤	앞
10	앞	앞	앞	앞	앞	앞	앞	앞	앞	뒤

그런데 열 가지 경우 모두 앞면이 아홉 번 $\left(\frac{1}{2}\right)^9$, 뒷면이 한 번 $\frac{1}{2}$ 나와야 하므로 각각의 발생 확률은 $\left(\frac{1}{2}\right)^9 \times \frac{1}{2} = \frac{1}{1024}$가 된다. 따라서 열 번 동전을 던져 아홉 번 앞면이 나올 확률은 $\frac{10}{1024}$가 된다.

다음으로 앞면이 여덟 번, 뒷면이 두 번 나오는 경우는 어떻게 될까? 앞면이 여덟 번 나오는 확률과 뒷면이 두 번 나오는 확률을 곱하면 $\left(\frac{1}{2}\right)^8 \times \left(\frac{1}{2}\right)^2 = \frac{1}{1024}$가 될 것은 불문가지이지만 위 표와 같은 것을 나열하여 이러한 배치가 몇 가지나 가능한지 세는 것이 문제가 된다. 이제 몇몇 기본적인 수학기호를 사용하게 된다. 부록 A에 해당 기호에 대한 간략한 설명을 덧붙였다.

조합(Combination)은 $\binom{n}{k}$이라는 기호로 표시하며 n개 중에 k개를 선택하는 경우의 수를 의미한다. 따라서 앞서 문제인 열 번 동전을 던져 앞면이 여덟 번, 뒷면이 두 번 나올 경우의 수는 $\binom{10}{8}$ 또는 $\binom{10}{2}$로 쓸 수 있다. 생각해 보면 10개 중에 8개를 선택하는 경우나 10개 중에 2개를 선택하지 않는 것은 같은 이야기이므로 $\binom{n}{k} = \binom{n}{n-k}$가 성립한다.

이 $\binom{n}{k}$는 $\frac{n!}{k! \times (n-k)!}$로 계산할 수 있으므로 $\binom{10}{2} = \frac{10!}{2! \times 8!} = \frac{10 \times 9}{2 \times 1} = 45$가 되어 우리가 원했던 앞면이 여덟 번 나오는 확률은 $\frac{45}{1024} \cong 4.39\%$로 계산된다. 이런 식으로 동전을 열 번 던졌을 때 앞면이 나오는 개수에 대한 확률은 다음 표와 같이 계산할 수 있다.

앞면 개수	경우의 수	확률		
0	$\binom{10}{0} = 1$	$\binom{10}{0} = \frac{1}{2}^0 = \frac{1}{2}^{10}$	$\frac{1}{1024}$	0.10%
1	$\binom{10}{1} = 10$	$\binom{10}{1} = \frac{1}{2}^1 = \frac{1}{2}^9$	$\frac{10}{1024}$	0.98%
2	$\binom{10}{2} = 45$	$\binom{10}{2} = \frac{1}{2}^2 = \frac{1}{2}^8$	$\frac{45}{1024}$	4.39%
3	$\binom{10}{3} = 120$	$\binom{10}{3} = \frac{1}{2}^3 = \frac{1}{2}^7$	$\frac{120}{1024}$	11.72%
4	$\binom{10}{4} = 210$	$\binom{10}{4} = \frac{1}{2}^4 = \frac{1}{2}^6$	$\frac{210}{1024}$	**20.51%**
5	$\binom{10}{5} = 252$	$\binom{10}{5} = \frac{1}{2}^5 = \frac{1}{2}^5$	$\frac{252}{1024}$	**24.61%**
6	$\binom{10}{6} = 210$	$\binom{10}{6} = \frac{1}{2}^6 = \frac{1}{2}^4$	$\frac{210}{1024}$	**20.51%**
7	$\binom{10}{7} = 120$	$\binom{10}{7} = \frac{1}{2}^7 = \frac{1}{2}^3$	$\frac{120}{1024}$	11.72%
8	$\binom{10}{8} = 45$	$\binom{10}{8} = \frac{1}{2}^8 = \frac{1}{2}^2$	$\frac{45}{1024}$	4.39%
9	$\binom{10}{9} = 10$	$\binom{10}{9} = \frac{1}{2}^9 = \frac{1}{2}^1$	$\frac{10}{1024}$	0.98%
10	$\binom{10}{10} = 1$	$\binom{10}{10} = \frac{1}{2}^{10} = \frac{1}{2}^0$	$\frac{1}{1024}$	0.10%

이렇게 보니 앞면이 나올 횟수가 다섯 번일 확률이 그나마 가장 높기는 하나 25%가 되지 않고 네 번과 여섯 번이 나올 확률이 20%가 넘는다는 것을 알 수 있다.

이렇게 미리 각각의 사건이 발생할 확률을 알고 있고(동전의 앞면이 나올 확률은 $\frac{1}{2}$로 정해져 있다) 그 시행을 여러 번 반복했을 때(우리는 동전을 열 번 반복해서 던졌다) 각각의 가능한 경우가 발생할 확률을 나타내는 함수를 '이항 분포'라고 한다. 따라서 우리가 앞에 만든 표는 확률이 $\frac{1}{2}$인 사건을 10회 시행한 이항 분포표가 된다.

앞서 조지프 슐리츠 양조회사의 블라인드 테스트를 이야기 하던 중

100명 중 60명 이상이 경쟁사 맥주를 선택할 확률은 상당히 낮다고 언급한 적 있다. 이제 이항 분포에 대해 알았으니 실제로 해당 확률이 어느 정도인지 계산해 보자.

먼저 두 업체가 생산한 라거 맥주의 맛을 구별할 수 없다고 가정했으니 한 명의 시음자가 경쟁사 맥주를 선택할 확률은 $\frac{1}{2}$이다. 따라서 60명 이상이 경쟁사 맥주를 선택하는 경우의 확률은 다음과 같다.

60명	$\binom{100}{60}\left(\frac{1}{2}\right)^{60}\left(\frac{1}{2}\right)^{40}$
61명	$\binom{100}{61}\left(\frac{1}{2}\right)^{59}\left(\frac{1}{2}\right)^{39}$
	...
99명	$\binom{100}{99}\left(\frac{1}{2}\right)^{99}\left(\frac{1}{2}\right)^{1}$
100명	$\binom{100}{100}\left(\frac{1}{2}\right)^{100}\left(\frac{1}{2}\right)^{0}$
합계	$\displaystyle\sum_{k=60}^{100}\binom{100}{k}\left(\frac{1}{2}\right)^{k}\left(\frac{1}{2}\right)^{100-k}=\sum_{k=60}^{100}\binom{100}{k}\left(\frac{1}{2}\right)^{100}$

각각을 계산해 보면 아래 표와 같다.[*]

k	$\binom{100}{k}$	$\binom{100}{k}\left(\frac{1}{2}\right)^{100}$
60	137462341458028000000000000000	0.010843866711638000000000000000
61	90139240300346300000000000000	0.007110732269926550000000000000
62	56700489866346800000000000000	0.004472879976244120000000000000
63	34200295474939400000000000000	0.002697927604718680000000000000

....
[*] 조지프 슐리츠 양조 회사의 블라인드 테스트 확률 결과표는 Microsoft Excel®의 도움으로 만들었다. 손으로 계승과 거듭 제곱 계산을 40번 반복한다는 것은 그다지 유쾌하다고는 볼 수 없는 작업이다.

64	197720458214493000000000000	0.00155973939647798000000000000
65	109506715318796000000000000	0.00086385566574165200000000000
66	58071742972088900000000000	0.00045810527728724000000000000
67	29469242702254100000000000	0.00023247133474277900000000000
68	14301250134917400000000000	0.00011281697127223100000000000
69	6632463830686340000000000	0.00005232091421320840000000000
70	2937233982161090000000000	0.00002317069058013520000000000
71	1241084781194830000000000	0.00000979043263949374000000000
72	499881370203473000000000	0.00000394336870201831000000000
73	191735320078044000000000	0.00000151252498159606000000000
74	69957481650097200000000	0.00000055186722301478000000000
75	24251926972033700000000	0.00000019131397064512400000000
76	7977607556590040000000	0.00000006293222718589600000000
77	2486527030625460000000	0.00000001961523964235720000000
78	733206668517766000000	0.00000000578398092018225000000
79	204184141106213000000	0.00000000161072886384822000000
80	53598337040381000000	0.00000000042281632676015800000
81	13234157293921200000	0.00000000010439909302720000000
82	3066451080298820000	0.00000000002419003375020480000
83	665013487293720000	0.00000000000524603141570706000
84	134586062904682000	0.00000000000106196968341311900000
85	25333847134998900	0.00000000000001998488158364590000
86	4418694267732360	0.00000000000000348573515993825000
87	711054249979920	0.00000000000000056092289930040700
88	105042105110670	0.00000000000000008286361012392380
89	14162980464360	0.00000000000000001117262158974250
90	17310309456440	0.00000000000000000136554263874631
91	1902231808400	0.00000000000000000015005963063146

92	186087894300	0.00000000000000000001467974647482
93	16007560800	0.000000000000000000000126277389031
94	1192052400	0.000000000000000000000009403635353
95	75287520	0.0000000000000000000000000593913812
96	3921225	0.0000000000000000000000000030933011
97	161700	0.00000000000000000000000000001275588
98	4950	0.000000000000000000000000000000039049
99	100	0.00000000000000000000000000000000000789
100	1	0.0000000000000000000000000000000000008
합		2.8%

100명을 대상으로 100번의 블라인드 테스트를 했을 때 60명 이상의 시음자가 경쟁사 맥주를 선택할 확률은 3%에도 미치지 못한다. 따라서 충분히 사운을 걸고 베팅해볼 만한 확률이라 하겠다.

이항 분포는 개별 경우에 대한 확률을 경우의 수를 따져 가며 일일이 계산할 수 있을 정도로 매우 명확하다. 하지만 이항 분포는 서로 독립인 시행, 즉 동전이나 주사위처럼 미리 정해진 확률에 따르는 시행을 반복하는 경우가 아니면 사용할 수 없다.

그런데 우리가 정말 궁금한 주제는 서로 독립적인지 알 수 없고, 개별 경우에 대한 확률도 알 수 없는 경우가 대부분이다. 예를 들어 이번 선거에 출마한 각 후보자가 얼마나 많은 표를 얻을지 궁금한데 각 유권자마다 지지하는 사람이 다르므로 개별 경우에 대한 확률은 알 수 없을 뿐더러 모든 경우에 대해 계산할 수도 없다. 왜냐하면 시간과 재원의 제한 때문에 전체 유권자에게 접근할 방법이 없기 때문이다.

그렇다면 어떻게 여론조사 기관은 어떤 근거로 특정 정치인에 대한 지지율이 몇 퍼센트라는 주장을 할 수 있는 것일까? 그러면서 작은 글씨로 고작 1,000명 정도를 표본으로 사용했다고 밝히고 있는데 5,000만 인구의 1%도 아닌 5만 분의 1 정도를 대상으로 모은 결과를 가지고 어떻게 이런 주장이 가능할 수 있는지 그 근거에 대해 알아보자.

정규 분포, 중심극한정리

아래는 10개의 동전을 10회에서부터 10,000회까지 던져 앞면이 나오는 횟수를 표와 그래프로 그린 것이다.

앞면 수	10회	100회	1,000회	10,000회
0	0	0	4	9
1	0	0	6	103
2	0	4	45	443
3	3	15	133	1,168
4	2	23	194	2,074
5	2	23	238	2,436
6	3	16	211	2,055
7	0	14	112	1,177
8	0	5	50	428
9	0	0	6	99
10	0	0	1	8

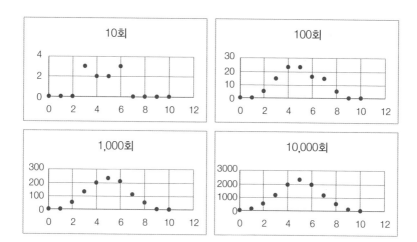

동전을 여러 번 던질수록 좌우 대칭의 볼록한 형태를 갖추어 가는 것을 볼 수 있다. 1733년에 드 무아브르는 이항 분포의 시행 횟수를 크게 하면 종 모양의 분포로 근사시킬 수 있다고 주장했다. 이 분포는 지금의 정규 분포이며 아래와 같은 모양을 가진다.[*]

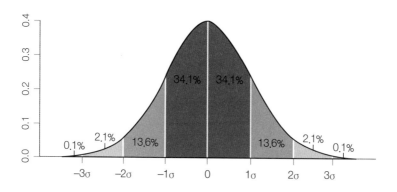

그래프에서 표시된 σ는 표준 편차를 의미한다(표준 편차에 대해서는

----

[*] https://commons.wikimedia.org/wiki/File:Standard_deviation_diagram.svg

부록을 참고하자).

정규 분포는 몇몇 특징적인 성질이 있는데 평균값을 중심으로 좌우 대칭이 된다(위 그래프에서 평균은 0이다). 그리고 전체 중 68%는 평균을 중심으로 ±σ 내에 존재한다. 그리고 전체 중 95%는 평균을 중심으로 ±2σ 내에 존재한다.

단순히 이항 분포를 정규 분포라는 함수로 근사하여 표현할 수 있다는 것만으로는 각각의 경우에 대한 확률 계산을 정규 분포 곡선에 대한 적분으로 대체하는 정도의 의미밖엔 지니지 못한다. 더구나 그 값이 정확한 것도 아니고 근사치라는 점에서 크게 매력이 있을 것 같지 않다. 또한 우리가 일상에서 접하는 많은 사건이 모두 동전이나 주사위를 던지는 것과 같이 확률이 미리 정해진 독립 사건으로 간주할 수 있는 것도 아니므로 엄밀하게 이항 분포를 이루지도 않는다. 그렇다면 이전 절의 마지막에서 제기한, 선거에 출마한 후보자를 지지하는 전체 유권자의 비율은 어떻게 예측할 수 있을까? 이 문제에 대한 대답의 실마리는 우리가 이미 한 번 언급한 바 있었던 사람에서부터 시작된다.

18세기 말 프랑스의 수학자 피에르시몽 라플라스, 그렇다. 앞서 라플라스의 악마에서 언급된 그는 중심극한정리로 알려진 정리를 발표했다.* 중심극한정리는 전체 사건이 어떤 확률 분포를 따르든 간에 표본을 뽑은 후 그 표본의 평균을 구하면, 표본의 개수 n이 적당히 크기만 하다면 이 표본의 평균이 전체 사건의 집합인 모집단의 평균값을 중심으로 하는 정규 분포를 이룬다고 주장한다. 따라서 적절한 크기의 표본을 뽑을 수 있다면 모집단의 평균이 어디쯤에 있을지 표본의 분포를 사용하여 예상할 수

----

* 중심극한정리, 〈https://ko.wikipedia.org/wiki/중심극한정리〉

있다는 의미가 된다.

예를 들어 1,000명의 유권자에게 특정 정책의 지지 여부를 물었다고 하자. 이때 600명이 지지한다고 답변했다. 우리는 이 결과로 어떤 주장을 할 수 있는지 알아보자.

우리는 1,000명이라는 표본을 얻었다. 따라서 전체 유권자의 이 정책에 대한 지지 여부가 어떤 확률 분포에 따르는지와 관계없이 이 표본의 평균은 중심극한정리에 의해 모집단, 즉 전체 유권자의 평균(여기서는 지지율)을 중심으로 하는 정규 분포를 이루게 된다. 다시 말해 중심극한정리에 의해 표본에서 얻은 지지율인 60%를 전체 유권자의 지지율로 간주할 수 있다. 표본으로 뽑힌 사람의 60%가 지지를 표현했으므로 지지 확률 p값은 0.6이다. 이때 비율에 대한 표준 오차 값을 $\sqrt{\dfrac{p(1-p)}{n}}$로 정의하며, 계산해 보면 $\sqrt{\dfrac{0.6(1-0.6)}{1000}} \sim 0.016$이 된다. 이 표준 오차 값을 표본 평균이 만들어낸 정규 분포의 표준 편차로 간주하여 사용한다.

앞서 정규 분포의 경우 전체 중 95%는 평균을 중심으로 ±2σ 내에 존재한다고 밝힌 바 있다. σ 값으로 0.016을 사용하면 2σ는 0.032 = 3.2%가 된다. 그러므로 모집단, 즉 전체 유권자의 지지 비율은 표본에서 관측한 지지율인 60%의 ±3.2%인 56.8%부터 63.2% 사이에 존재할 확률이 95% 라고 추정할 수 있다. 이러한 절차에 의해 우리는 다음과 같은 보도 자료를 보게 된다.

"과반이 넘는 지지로 정책 진행에 탄력을 받을 예정"
– 전체 유권자의 60%가 찬성하고 있다. 이 조사는 모 여론조사 기관에 의뢰하여 전국 남녀 1,000명을 대상으로 이루어졌으며 95% 신뢰 수준에 오차 범위는 ±3.2%이다.

평균 회귀

또래보다 키가 큰 아이의 부모는 좋든 싫든 호기심의 대상이 된다. 부모와 아이의 키가 모두 크다면 '역시 부모가 크니 자식도 크다'는 말을 듣게 되고, 부모의 키는 작은데 아이가 크다면 '부모는 작은데 어디서 저렇게 큰 애가 나왔으며 뭘 먹여서 저렇게 키웠을까'라는 이야기를 듣는다.

그러면 자식의 키가 크면 부모의 키도 크다고 생각해야 할까, 아니면 자식의 키는 부모의 키와 무관하다고 생각해야 할까? 만약 관계가 있다면 얼마나 영향을 미치는 것일까? 그렇다고 '내 키가 작은데 부모님도 키가 작다'든가, '친척 아저씨는 키가 크지만 그의 자녀인 사촌 누구는 나보다 키가 작다'라는 일화적 증거는 주장의 합당한 근거가 될 수 없다는 것을 앞서 알아본 바 있다.

1903년 K. 피어슨은 1,078 가족을 대상으로 아버지와 아들의 키를 조사한 후 부자 간의 키에 대해 다음과 같은 관계식을 도출하였다.[*]

아버지의 키를 x, 아들의 키를 y라고 할 때(단위는 인치)

$$y=33.73+0.516x$$

이제 자식의 키는 아버지의 키에 의해 설명될 수 있으므로(아버지의 키에 의해) 종속 변수, 아버지의 키는 독립 변수라고 말할 수 있다.

다음은 피어슨이 수집한 부자의 키를 각각 (아버지의 키, 아들의 키) 쌍으로 만들어 이차원 평면에 나타낸 결과이다(fheight: 아버지의 키, sheight: 아들의 키, 단위는 인치).[**]

....
[*] 박성현 〈회귀 분석〉 p70, 민영사, 1989
[**] Pearson's data set on heights of fathers and their sons, 〈https://rdrr.io/cran/UsingR/man/father.son.html〉

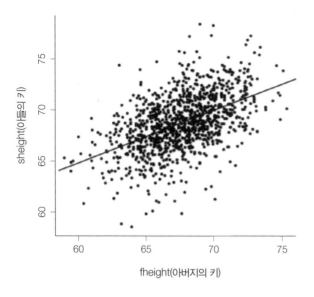

여기서 알 수 있는 것은 두 가지로 먼저 아버지가 크면 아들도 크다는 경향성을 찾아볼 수 있다. 그래프에서는 점들이 왼쪽 아래에서부터 오른쪽 위를 지나는 직선 위에 몰려 있는 것을 확인할 수 있으며 피어슨의 관계식에서는 x와 곱해진 수인 기울기 0.516이 0보다 크기 때문에 직선이 우상향, 즉 양의 상관관계를 가지게 된다.

진화론으로 유명한 찰스 다윈의 사촌이며 우생학을 주장한 것으로도 유명한 프랜시스 골턴은 우리가 이야기하고 있는 부자 간의 키 사이에 또 다른 특별한 점이 있다는 것을 간파하였는데 그것은 '아버지보다 아들은 평균에 더 가까운 경향이 있다'는 것이다. 이는 위 그래프에서 아버지의 신장인 fheight 값이 60인치인 경우 아들의 키인 sheight는 60보다 큰 점이 많고 fheight 값이 75인 경우에는 sheight 값이 모두 75보다 작은 것으로 확인할 수 있다.

골턴은 이 현상을 마치 자식의 키가 부모의 키에서 평균으로 돌아가는

듯 하다고 해서 회귀(回歸, Regression)이라고 불렀으며 이러한 유래로 통계학에서는 전통적으로 변수 간의 함수 관계식을 '회귀식'이라고 부르게 된다. 또한 우리가 알고 싶어하는 종속 변수를 독립 변수의 함수로 표현하는 회귀식을 찾아내고 미지의 종속 변수의 값을 독립 변수를 통해 예측하는 것을 '회귀 분석'이라고 한다. 이러한 회귀 분석은 통계적 추정의 가장 강력한 수단이며(적절하게만 사용한다면) 우리에게 미래를 예측하는 합리적인 길을 제공한다.

다음 장에서는 통계 데이터를 선택의 기반으로 사용할 때 빠질 수 있는 여러 편견에 대해 알아보고 그러한 위험 요소를 회피할 방법에 대해서도 생각해 본다.

독립 사건은 여러 번 반복하였을 때 앞선 결과가 나중 사건에 영향을 미치지 않는 것을 의미한다. 예를 들어 동전의 앞/뒷면이 나오는 확률은 앞서 던진 동전의 결과에 상관없이 항상 절반으로 동일하다.

정상적인 동전의 앞면이 나올 확률은 절반, 즉 $\frac{1}{2}$이다. 이렇게 이성을 동원하여 결정할 수 있는 확률을 '수학적 확률'이라고 한다. 그런데 누군가 직접 동전을 실제로 여러 번 던져 앞면이 나온 횟수를 세어 확률을 결정하려 한다고 하면 이는 통계적 확률을 구한다고 할 수 있다.

큰 수의 법칙은 독립 사건을 충분히 많이 실행해 보면 통계적 확률이 수학적 확률과 같아진다는 의미이다. 이렇기 때문에 독립 사건이고 충분히 많은 사람이 시도하는 도박의 경우 카지노가 이길 수학적 확률이 조금이라도 더 크다면 도박을 하면 할수록 도박사는 반드시 재산을 모두 탕진하게 된다.

우리가 사는 세상에서 벌어지는 사건은 동전이나 주사위처럼 수학적 확률을 미리 계산할 수 없는 경우가 대부분이다. 특히 복잡한 사회 생활에서 완전히 독립적인 사건은 존재하기 어렵다. 하지만 우리에게는 표본의 평균이 모집단의 평균과 같고 그 표본 평균은 정규 분포를 이룬다는 중심극한정리가 있기에 표본을 추출하여 그 표본의 평균과 표준편차를 구해 원래 모집단의 특징을 추정할 수 있다. 이러하기 때문에 천여 명의 사람을 표본으로 추출하여 조사한 설문조사 결과를 바탕으로 전체 유권자의 평균적인 주장이 이러할 것이라고 추측하는 것이며 우리가 각종 미디어에서 접하는 민의는 이런 식으로 조사되고 발표된 것이다.

그렇다면 굳이 전체를 대상으로 하는 조사는 더 이상 필요할까? 여론조사로 유권자 모두의 선택을 정확히 예상할 수 있다면 전체 유권자가 참여하는 투표는 요식 행위에 지나는 것을 아닐까?

전혀 그렇지 않다. 왜냐하면 우리 모두가 익히 알다시피 여론조사와 실제 투표 결과에 차이가 나는 경우가 자주 발생한다. 2014년부터 2016년까지 시행된 여론조사의 36%가 실제 결과와는 동떨어진 결과였으며 더욱이 특정 정당의 우세가 확연한 지역처럼 우열이 분명한 경우를 빼면 정작 중요한 접전 상황에서는 거진 다 잘못된 예측을 했다는 분석 결과가 보고된 바 있다.* 이를 보면 여론조사 무용론이 나와도 할 말이 없을 지경이다.

----

* 세 번 중 한 번은 예측 실패… 여론조사를 믿지 마세요, 미디어 오늘, ⟨http://www.mediatoday.co.kr/?mod=news&act=articleView&idxno=136439⟩

요약

어떤 이유에서 이렇게 잘못된 결과가 나오는 것일까? 그것은 아이러니하게도 우리가 어떻든 가지고 있는 통계 자료를 가지고 추론의 근거로 삼고자 하기 때문이다. 그렇기 때문에 우리는 가지고 있는 통계 자료 내에서 데이터의 경향성을 찾아내려 의도적으로 노력한다.

하지만 세상 일이 다 그러하듯 데이터에서 눈에 띄는 명백한 경향성을 쉽사리 찾을 수 있는 경우는 드물다. 오히려 데이터에 대한 분석 작업이 길어질수록, 또한 좋은 결과에 대한 기대가 크면 클수록 무의식 중에 없는 증거를 마음 속으로 창조하는 경우가 없지 않으며 결과적으로 데이터가 부풀려져 잘못된 결론으로 빠지는 경우가 발생한다.

Chapter 4

데이터 수치가 말하지 않는 것

하지만 읽고 쓰는 능력의 보편화는 대중에게 사고를 가져다 주지 않았다. 오히려 대중을
거수기로 만들어 버렸다. 다시 말해 대중은 광고 문구, 사설, 출간된 과학 자료,
지리멸렬한 타블로이드 신문기사와 단조로운 역사 이야기로 가득 채워져 있을 뿐
독창적인 사고는 찾아볼 수 없는 거수기가 되었다.
- 에드워드 버네이스, 『프로파간다』[*]

정확도와 재현율

2017년 11월 블룸버그 통신은 페이스북이 자체 AI 시스템을 동원하여 테러 관련 게시물을 찾아내 그중 99%를 삭제했다는 발표를 전했다.[**] 좋은 일이다. 주장하는 바를 얻기 위해 불특정 다수의 사람을 다치게 하여 두려움과 공포를 퍼트리는 것은 그 어떤 이유로도 합리화될 수 없다. 그리고 테러 관련 게시물 중 99%라니 상당히 높은 수치인 것은 분명해 보이며 왠지 안심이 되는 통계 수치다.

그런데 생각해 보면 약간 기묘한 점이 있다. 왜 99%일까? 단 1%라 할지라도 테러 관련 게시물이라 판단했는데 남겨둘 이유가 있을까? 기사에서는 명확한 이유를 밝히고 있지 않지만 같이 언급된 페이스북 관계자의

---

[*] 에드워드 버네이스, 〈프로파간다, 대중 심리를 조종하는 선전 전략〉, 공존 2009, p78
[**] 페이스북 "AI가 테러 관련 게시물 99% 찾아낸다", 〈http://m.news.naver.com/read.nhn?mode=LSD&sid1=105&oid=366&aid=0000390887〉.

말을 들어보면 실마리는 찾을 수 있다.

> 모니카 비커트 페이스북 글로벌정책관리 책임자와 브라이언 피시먼 대 테
> 러 정책 책임자는 이날 "AI가 IS, 알 카에다와 관련된 내용을 감지해 그중
> 99%를 삭제했다"고 말했다. 하지만 페이스북은 AI가 여전히 '콘텐츠 맥
> 락'까지 파악할 수 없는 단점을 보완하기 위해서 연구인력 등 사람의 힘이
> 필요하다는 점도 강조했다. 페이스북은 AI 시스템과 인력을 결합해 더 많
> 은 지역의 테러단체 관련 내용도 찾아내 삭제할 계획이다.

AI가 콘텐츠의 맥락을 파악하지 못하기 때문에 사람의 판단이 여전히
필요하다고 말하고 있으며 결국 삭제되지 않은 1%는 AI가 테러 관련 게시
물이라고 판단했지만 사람이 재차 검증을 해서 테러리즘과 무관하다고 판
단하여 삭제를 막은 글의 비율이라고 생각할 수 있겠다.

뭐, 여기까지도 좋아 보인다. 기계의 처리를 100% 맹신하기보다 사람
이 한 번 더 검증한다면 더 좋을 테니까. 하지만 약간 냄새가 나지 않는가?
아까 99%라고 한 것의 의미가 처음 생각한 것과는 조금 다른 것 같다는 의
심이 든다. 우리는 페이스북 AI가 테러 관련 게시물 중 99%를 삭제했다는
말을 들었을 때 페이스북에 게시된 모든 테러 관련 게시물 중에 99%를 페
이스북 AI가 찾아내 삭제했다고 생각했다. 그래서 이제 페이스북 게시물
중에 테러 관련 게시물은 기존의 1% 정도만 남았을 것으로 기대했다. 그런
맥락에서 왜 1%를 굳이 남겼을까 하는 의문을 가졌던 것이다.

그런데 페이스북 관계자의 말을 들어 보면 99%란 것이 우리가 기대한
그런 의미가 아니라, AI가 테러 관련이라고 찾아낸 게시물 중 99%는 정
말 테러 관련 게시물이었고 1%는 아니었다는 의미였다는 것을 알 수 있

다. 의심이 되면 다시 위로 올라가 페이스북 관계자의 말을 다시 찬찬히 읽어 보자.

"AI가 IS, 알 카에다와 관련된 내용을 감지해 그중 99%를 삭제했다."

그렇다. AI가 테러 관련 게시물이라고 판단한 것 중 삭제한 비율이 99%였던 것이다. 이렇게 보면 100%가 아니라 99%인 것이 이해가 된다. 말장난에 속은 것 같은 느낌이 들지도 모르겠다. '그 큰 기업이 설마 그럴 리가'란 생각을 할지도 모르겠다. 하지만 이런 경우는 사실 통계 수치를 다룰 때 일반적으로 마주치는 상황이다. 이제 우리는 이러한 데이터 관련 소식에서 흔히 쓰이는 '정확도'의 엄밀한 의미를 살펴볼 때가 되었다.

하나의 단어가 쓰이는 맥락에 따라 다른 뜻을 가지는 경우가 있다. 일례로 '일반적으로(Generally)'란 단어는 일상에서 쓰일 때 '많은 경우에 그렇다'는 뜻으로 사용된다. 그리고 종종 '그럼에도 불구하고 예외는 있다'는 이야기를 하기 위해 먼저 복선을 던지는 용도로 쓰인다. 따라서 '일반적으로'이라는 단어를 만나면 일반적이지 않은 상황이 존재할 수 있음을 마음속으로 준비하게 된다.

그런데 이 이 단어가 수학 문헌에서 사용되면 '예외가 전혀 없이 모든 경우에'라는 의미로 사용된다. 따라서 수학에서 일반적인 법칙이라면 그어떤 예외도 허용하지 않는 그야말로 절대적이고 완전한 법칙을 의미한다. 그러므로 예외의 존재 가능 여부에 있어서 일상적 용례와 정반대의 뜻을 가지며 충분한 사전 설명 없이 쓰이는 경우 의도하지 않은 오해를 불러 일으킬 수 있다.

'정확도(Precision)' 역시 오해의 소지가 충분하다. 다시 위에서 언급한 테러 관련 게시물을 찾아내는 페이스북 AI의 예를 생각해 보자. 페이스북 게시물을 대상으로 테러 관련 게시물인지의 여부를 판단하게 되면 아래 표와 같이 모두 네 가지 경우가 발생할 수 있다.[*]

	실재 게시물의 성격	
	테러 관련 게시물	일반 게시물
AI가 테러 관련 게시물로 판단	가. 테러 관련 게시물을 테러 관련 게시물로 바르게 추정	나. 일반 게시물을 테러 관련 게시물로 잘못 추정
AI가 일반 게시물로 판단	다. 테러 관련 게시물을 일반 게시물로 잘못 추정	라. 일반 게시물을 일반 게시물로 바르게 추정

정확도는 AI가 테러 관련 게시물로 판단한 게시물 중에 실재 테러 관련 게시물의 비율을 의미한다. 수식으로 표현하자면 $\frac{가}{가+나}$ 를 의미한다. 이것이 앞서 페이스북 AI가 찾아낸 테러 관련 게시물이 99% 정확도로 실재 테러 관련 게시물로 밝혀져 삭제되었다는 말의 실체이다.

그런데 우리가 알기를 원하는 것은 페이스북 게시물에 포함된 전체 테러 관련 게시물 중에 어느 정도를 AI가 찾아냈는지 하는 것이다. 이 값은 위 식에서 $\frac{가}{가+다}$ 를 의미하며 이 값을 '재현율(Recall)'이라고 한다.

이해를 돕기 위해 가상의 수치를 사용한 아래 표를 보기로 하자.

	실재 게시물의 성격	
	테러 관련 게시물	일반 게시물
AI가 테러 관련 게시물로 판단	99건	1건
AI가 일반 게시물로 판단	101건	9,900,000건

....
[*] 예측과 실제 결과의 모든 가능한 쌍을 표현한 표를 혼동 행렬(Confusion Matrix)이라고 한다.

이 경우 AI 의 정확도는 $\frac{99}{99+1}$=99%, 재현율은 $\frac{99}{99+101}$=49.5%이다.

처음부터 재현율을 표시하면 될 것을 왜 오해하기 딱 좋은 정확도란 단어를 사용하여 혼돈을 일으키게 하는 것일까?

그 이유는 재현율이 쉽게 구할 수 없는 값이기 때문이다. 재현율을 구하려면 페이스북 전체 게시물 중 테러 관련 게시물의 수를 알아낸 후 AI가 그중에서 몇 개를 찾았는지를 구해야 한다.

그런데 잠깐, 이미 모든 테러 관련 게시물을 알고 있다면 굳이 테러 관련 여부를 판별하는 AI를 동원할 필요가 없다. 일일이 사람이 전수 조사를 하기 힘들 정도로 게시물의 수가 많기 때문에 AI의 힘을 빌어 테러 관련 여부를 기계적으로 판단하는 것인데, 그 AI의 성능을 측정하기 위해서 모든 테러 관련 게시물을 미리 찾아야 한다는 것 자체가 어불성설이다.

어떻게 보면 그렇기 때문에 구할 수 있는 값인 정확도를 대신 사용하는 것이고, 의도하였든 그렇지 않았든 간에 정확도라는 이름이 주는 믿음직한 느낌과 더불어 상당히 높은 통계적 수치(예를 들자면 99%)를 보면서 우리는 왠지 모를 안도감에 만족스러워 하게 되는 것이다.

미안합니다, 양성입니다

사람의 0.1%가 걸리는 암이 있다고 하자. 그런데 이 암을 진단하는 검사는 암에 걸린 사람의 경우 99% 확률로 양성 판정을 내리고, 암에 걸리지 않은 사람에 대해서는 5%의 확률로 잘못된 양성 판정이 나온다고 알려져 있다. 이제 당신은 정기 건강검진에서 종양이 발견되어 이 검사를 받았고 방금 의사로부터 검사 결과가 양성이라는 통보를 받았다. 당신이 암에 걸렸을 확률은 얼마일까?

이 검사는 99% 확률로 암을 진단하므로 99%는 암에 걸렸다고 생각할 수 있다. 그래도 1% 확률로 검사가 잘못될 수 있으니 재검을 받아볼까 하다가 '왜 내게 이런 일이'라는 억울함에 왈칵 눈물이 앞을 가릴지도 모르겠다. 하지만 우리는 이럴 때일수록 침착해야 한다. 앞서 페이스북 AI 예제를 다시 떠올리면서 찬찬히 생각을 가다듬어 보자.

이 검사는 '암에 걸린 사람의 경우 99% 확률로 양성 판정'이라고 했다. 그렇다, 이건 정확도가 그렇다는 것이다. 앞서 예에서 확인했듯이 정확도가 높다고 재현율이 반드시 높으리라는 보장은 없다. 조금 희망이 솟아나는가? 실제 숫자로 계산해 보자.

이 검사를 받은 1만 명의 사람이 있다고 가정하자. 0.1%에서 발생하는 암이므로 열 명($10,000 \times 0.001 = 10$) 정도가 실제 암에 걸려 있을 것이다. 이 열 명은 모두 양성 판정을 받을 것이다($10 \times 0.99 = 9.9$). 그런데 암에 걸리지 않은 9,990명($10,000 - 10 = 9,990$)의 경우 95%는 음성이 나올 것이지만 5%는 잘못된 양성 판정이 나온다고 했으니 약 500명($9,990 \times 0.05 = 499.5$)은 암에 걸리지 않았지만 암이라는 양성 판정을 받게 된다.

자, 당신은 암에 걸렸는가? 아니다. 아직은 모른다. 지금 알고 있는 것은 암에 걸렸을 경우 99%의 확률로 양성이라는 결과가 나오고, 암에 걸리지 않은 사람에게도 5%의 확률로 양성이라는 결과를 내는 검사를 받았으며, 그 결과가 양성이라는 것이 현재 상황이다.

그런데 1만 명을 검사했을 때 양성 판정을 받는 사람은 약 510명이다. 이 가운데 정말 암에 걸려서 양성 판정을 받는 사람은 열 명에 지나지 않고 잘못된 양성 판정을 받는 사람이 500명이다. 따라서 양성 판정을 받은 후 이제 당신이 정말 암에 걸려있을 확률은 2%($\frac{10}{510} \cong 0.0196$)가 겨우 될까 말까 한 확률이다. 따라서 "나 암이야!"라고 친구와 가족에게 이미 전화를 했다면 98%의 확률로 "음, 나 암이 아니래, 걱정하게 해서 미안해"라고 멋쩍은 미소와 함께 다시 전화를 하게 될 것이다.

그런데 암으로 판정될 확률 99%는 대체 어디로 간 것일까? 정상인에게 잘못된 판정을 할 확률 역시 5%로 상당히 작았는데 왜 이런 결과가 나왔을까? 그것은 원래 이 암에 걸릴 확률 자체, 즉 기저에 깔려 있는 확률이 0.1%라는 매우 작은 확률이기 때문이다. 따라서 암에 걸린다는 것이 처음부터 쉽지 않은 일이었다고 말할 수 있다. 그에 비해 우리가 상당히 작다고 생각한, 양성이라고 잘못 판정할 확률 5%는 0.1%에 비하면 50배나 큰 값이기 때문에 이런 일이 발생한다.

이러한 착각은 매우 흔해서 '기저율 무시의 오류*'로 알려져 있으며 '거짓 긍정 역설'이나 '잘못된 양성 역설(위양성 역설)'이라는 이름으로도 불린다.**

지금까지 내용을 표로 만들면 아래와 같다.

	암에 걸린 사람	건강한 사람
검사 결과 양성	10명	500명
검사 결과 음성	0명	9,490명

표의 '검사 결과 양성' 행을 보면 암에 걸린 사람이 열 명이고, 건강한 사람이 500명이니 검사 결과가 양성이라고 해서 암에 걸렸다고 단정할 수는 없다는 것이 분명하게 나타난다.

---

* 기저율 무시의 오류, 〈https://en.wikipedia.org/wiki/Base_rate_fallacy〉
** 위양성 역설, 〈https://en.wikipedia.org/wiki/False_positive_paradox〉

앞서 페이스북 AI의 테러 관련 게시물 관련 표와 아주 유사하지 않은가? 이렇게 예측과 결과의 발생할 수 있는 경우의 쌍을 모두 나열하는 표를 '혼동 행렬(Confusion Matrix)'이라고 한다. 2x2 혼동 행렬은 다음과 같이 표시할 수 있다. 이 경우 결과는 참과 거짓, 두 가지로 나뉘게 된다.

	참인 결과 (True)	거짓인 결과 (False)
맞다고 예측(Positive)	참을 맞다고 옳게 예측 (True Positive, TP)	거짓을 맞다고 잘못 예측 (False Positive, FP)
틀리다고 예측(Negative)	참을 틀리다고 잘못 예측 (True Negative, TN)	거짓을 틀리다고 옳게 예측 (False Negative, FN)

이제 정확도(Precision)를 다시 정의하자.

$$정확도, \; Precision = \frac{참을 \; 옳게 \; 예측한 \; 것}{맞다고 \; 예측한 \; 것} = \frac{TP}{TP+FP}$$

비슷하게 재현율(Recall)은 아래와 같다.

$$재현율, \; Recall = \frac{참을 \; 옳게 \; 예측한 \; 것}{실제 \; 참인 \; 것} = \frac{TP}{TP+TN}$$

기사나 발표에서 우리가 접하는 높은 숫자의 비율은 거진 모두 정확도라고 보아도 무방하다. 그리고 우리는 이제 이 정확도가 우리가 기대하는 의미와는 다르다는 것을 알게 되었다. 그러면 이런 발표를 하는 사람은 왜 이러한 오해를 불러 일으키는 상황을 개선하려 하지 않을까?

그것은 발표자가 거짓말을 하는 것은 아니기 때문이다. 예측한 것 중 실제 옳은 결과를 낸 비율이 정확도라는 것은 맞는 말이고, 일부 사람에게 정확도란 말이 재현율과 혼동을 줄 수도 있겠지만 어찌되었건 그건 독해를 잘못한 독자의 책임이라는 것이다. 그리고 앞서 이야기했지만 재현율은 항상 구할 수 있는 값도 아니다.

우리는 이러한 '거짓말은 아니지만 우리의 기대와는 다른' 상황에 빠지지 않도록 통계 수치를 판단할 때 이 값이 혼동 행렬에서 어느 위치에 존재하는 값인지, 그리고 과연 이 값이 우리가 기대했던 그 값인지를 다시 한번 생각해봐야 한다.

모집단을 대표하는 표본 추출

우리는 앞선 3장에서 라플라스의 중심극한정리, 즉 일정 크기 이상의 표본을 추출할 수 있다면 이 표본을 이용하여 모집단의 평균이 어느 정도의 확률로 특정 오차 범위 내에 있을지 추정할 수 있다는 것을 알아보았다. 그리고 바로 이 결과에 힘입어 우리가 일상에서 흔히 접하는 각종 여론조사를 비롯한 통계적인 예측이 그 정당성을 가지게 된다. 그렇다면 여론조사 결과는 어떻게 틀릴 수 있는 것일까?

선거 기간 내내 여론조사에서 상대 후보자에 열세였던 후보자가 막상 역전하는 선거 결과는 어렵지 않게 찾을 수 있다.* 우리나라에서는 선거 전 2주간은 여론조사 결과 발표가 금지되어 있다. 그러므로 그 2주 동안 지지율 역전이 일어날 수도 있다. 그러면 투표를 마치고 돌아가는 사람을 대상으로 조사하는 출구조사가 틀리는 경우는 어떻게 이해해야 할까?**

....

* [오마이팩트] '여론조사 믿지마' 정세균 예언 진실은?, 〈http://www.ohmynews.com/NWS_Web/View/at_pg_w.aspx?CNTN_CD=A0002201296〉

** 방송사 출구조사 또 틀렸다, 〈http://journalist.or.kr/news/article.html?no=28469〉

위와 같은 사례는 단순히 통계적 추정을 기계적으로 적용한다면 적절한 결과를 보장받을 수 없다는 것을 알려 준다. 컴퓨터 과학의 격언 중 '쓰레기를 넣으면 쓰레기가 나온다'는 말이 있다.[*] 컴퓨터 프로그램이란 결국 입력값을 받아들여 적절한 처리를 거쳐 우리가 원하는 결과를 출력하는 것이다. 그런데 프로그램에 의미가 불명확하거나 제멋대로의 값을 입력하면 적절한 처리를 기대할 수 없고 따라서 출력값 역시 의미 없는 데이터가 나올 수밖에 없다는 뜻이다. 통계적 추정 역시 마찬가지다. 원 재료가 되는 표본이 특정 방향으로 편향되게 추출되었다면 그 표본으로 추정된 값 역시 모집단의 특성을 적절하게 표현하지 못하고 편향된 결과를 보일 수밖에 없다.

그렇다면 어떤 경우에 표본이 편향되게 추출될까? 얼핏 생각하기로는 별 생각 없이 그냥 적당히 맹목적으로 뽑기만 해도 편향되지 않게 표본을 추출할 수 있을 것 같다. 오히려 특정 결과가 나오도록 주의해서 뽑는 것이 더 힘들지 않냐고 생각할 수도 있겠다. 정말 그럴까? 우리가 특정한 목적을 의도하지 않고 임의로 추출하기만 하면 모집단의 특성을 잘 반영하는 표본을 성공적으로 추출할 수 있을까?

'샤이 트럼프(Shy Trump)'란 말을 들어본 적이 있는지 모르겠다.[**] 2016년 미국 대선은 힐러리 클린턴과 도널드 트럼프의 대결로 치러졌다. 대부분의 평론가는 클린턴의 우세를 점쳤는데 전임 대통령을 배출한 집권

....
[*] Garbage in, garbage out, 〈https://en.wikipedia.org/wiki/Garbage_in,_garbage_out〉
[**] 〈트럼프 당선〉 '샤이 트럼프' 결집에 또 틀린 여론조사…브렉시트 판박이,
  〈http://www.yonhapnews.co.kr/bulletin/2016/11/09/0200000000AKR20161109108200009.
  HTML〉

당 프리미엄과 변호사 출신 영부인으로 쌓은 전국적인 인지도에 국무장관을 다년간 성공적으로 역임한 경력 그리고 최초의 여성 대통령이 될 것이라는 상징성까지, 어느 누구에게도 클린턴이 트럼프를 누르고 대통령이 될 것이 분명하게 보였다. 선거 기간 내내 여러 여론조사 결과도 역시 클린턴이 트럼프에 우세를 보였기 때문에 트럼프가 이길 것이라 예상하는 사람은 극히 드물었다. 그런데 뚜껑을 열어보니 미국 제 45대 대통령은 트럼프였고 여론조사가 발견하지 못한 숨어있던 트럼프 지지자를 '트럼프를 지지하는 사실이 부끄러워 공개하지 못했던 트럼프 지지자'라는 의미로 샤이 트럼프라고 부른다.

　　트럼프는 탈세 의혹이 있고* 이민자는 모두 불법을 저지른다고 비난했으며** 여성을 대놓고 무시하는 발언*** 등으로 여러 논란의 중심에 선 인물이다. 특히 겨울 날씨가 춥기 때문에 지구 온난화는 거짓이라는**** 등의 기본적인 과학 지식을 가진 것인지 의심스러운 발언도 잦다. 그러다 보니 트럼프를 지지하기는 하지만 차마 공개적으로 트럼프를 지지한다고 밝힐 수 없었던 사람이 많았으며 여론조사에서 이들이 본심을 숨기거나 아예 응답을 거부한 것이 트럼프의 대 반전을 만들었다고 본다.

----

* 트럼프가 18년간 소득세를 안낸 비결, 〈http://www.huffingtonpost.kr/2016/10/02/story_n_12292210.html〉
** 미 공화당 대선 후보자 도널드 트럼프가 터트린 7개의 '막말' 열전, 〈http://www.huffingtonpost.kr/2015/07/21/story_n_7838128.html〉
*** 18 Real Things Donald Trump Has Actually Said About Women, 〈https://www.huffingtonpost.com/entry/18-real-things-donald-trump-has-said-about-women_us_55d356a8e4b07addcb442023〉
**** '무개념' 트럼프, 동부지역 한파에 "온난화 이용하면 되겠네", 〈http://www.hani.co.kr/arti/international/america/825585.html〉

이렇듯 조사 대상자를 최대한 무작위로 공정하게 뽑았다 하더라도 응답에 응한 대상자가 순순히 자신의 속셈을 쉽사리 우리에게 내비칠 것으로 생각하면 안 된다. 정확한 결과를 예측하기 위해서는 여러 집단으로 나뉜 대상자의 응답률을 최대한 고르게 높일 수 있도록 정밀하게 계획된 설문조사 설계가 필요하다. 이를 위해 설문조사 문항의 내용만이 아니라 질의하는 어투나 문항의 순서 배치 등과 같은 내용 외적인 모습까지도 교묘히 계획하여 그들이 숨긴 본심을 드러낼 수 있도록 노력해야 한다.*

단순히 무작위로 추출했으니 이 표본으로 추정한 값은 모집단을 잘 표현할 것이라는 믿음은 지나치게 세상을 단순하게 보는 관점에서 비롯된 것이고 대부분의 경우 잘못된 결과를 얻는다. 우리가 화살을 원하는 과녁에 명중시키기 위해서는 그 시점의 바람의 방향과 세기를 읽고 때로는 적절히 오조준을 해야만 기대하는 결과를 얻을 수 있다는 것을 기억하자.

선택 편향과 필터 버블

앞선 절에서 표본을 잘 추출해야만 통계적 추정이 의미를 가진다는 사실을 미국 대통령 선거 여론조사를 예로 알아보았다. 그런데 미국 대통령 선거 사전 여론조사의 역사에서 샤이 트럼프는 명함도 내밀지 못할 정도로 유명한 사건이 있다.**

....

* 모든 계층의 응답률을 고르게 높이는 것이 투표 결과를 정확히 예측할 수 있는가를 생각해 보면 아이러니하게도 투표할 계층의 응답률만 중요하다는 것을 알 수 있다. 투표하지 않는 계층의 응답은 투표 결과 예측에 오히려 방해가 되므로 제거하는 것이 예측의 정확도를 높일 수 있다.

** 미국 대통령은 주별로 배정된 대통령 선거인단 수의 다수 획득으로 선출된다. 따라서 대선 후보가 얻은 전체 유권자의 득표 수와 획득한 선거인단의 수는 비례하지 않으며, 전체 유권자의 득표 수는 앞서지만 선거인단의 수가 부족하여 당락이 바뀌는 경우가 발생할 수 있다. 지금까지 58회의 대선 중 다섯 번 이런 경우가 있었으며 '힐러리 클린턴 vs 도널드 트럼프'가 맞붙은 대선 역시 이에 해당한다. 따라서 전체 유권자의 득표 비율에 대한 추정이라는 면에서는 클린턴이 당선될 것이라고 예측한 여론조사 결과가 완전히 틀린 것은 아니라고 볼 수 있다.

미국의 유명 잡지 리터러리 다이제스트는 1920년부터 유권자에게 대통령 선거 전 지지 후보자를 묻는 엽서를 보내 그 결과를 싣기 시작했고 1924년, 1928년, 1932년까지 당선자를 정확히 맞추었다. 매 선거마다 결과를 족집게처럼 맞추면서 잡지의 영향력은 커져갔고 이에 힘입어 설문 엽서의 발송 수 역시 점점 불어나 1936년 대통령 선거 때에는 미국 전체 가구 수의 $\frac{1}{3}$에 해당하는 1,000만 장의 엽서를 발송하기에 이른다. 응답률도 나쁘지 않아 230만 장의 응답을 얻었으며 그 결과를 기반으로 리터러리 다이제스트는 공화당 후보자였던 알프래드 랜던이 선거인단 중 370표를 얻어 161표에 그친 프랭클린 루즈벨트를 누르고 대통령이 될 것이라고 기세 등등하게 발표했다.

그런데 막상 뚜껑을 열어보니 랜던은 고작 8표밖에 얻지 못했고 루즈벨트가 전체 선거인단의 98%가 넘는 523표를 가져가는 압도적인 승리를 거두어 대통령 중임에 성공한다.

이쯤 되면 대체 어떻게 표본을 뽑았길래 이렇게 잘못된 결과가 나왔는지 궁금할 노릇이다. 1936년 미국 인구는 1억 3,000만 명에 미치지 못했고 그중 투표권이 있는 20세 이상 인구는 8,000만 명이었는데 이 가운데 1,000만 명에게 의견을 물었다면 표본의 크기 면에서는 부족함이 없었다.[*] 문제는 오히려 이 1,000만 개의 주소를 얻는 방법에 있었다. 리터러리 다이제스트는 표본의 크기를 크게 하기 위해 당사 잡지를 정기 배달시키는 구독자의 주소에 더불어 집 전화와 자동차 등록부에 등재된 주소를 사용하여 설문 엽서를 보냈다.

---

[*] https://www.census.gov/data/tables/time-series/demo/popest/pre-1980-national.html, 〈https://www2.census.gov/programs-surveys/popest/tables/1900-1980/national/asrh/pe-11-1936.xls〉

1930년대 미국은 대공황으로 대부분의 국민이 하루하루 살아가기에 급급하던 시기였는데 잡지를 정기 구독하고 전화와 자동차를 자가 소유한 사람을 대상으로 엽서를 보냈으니 그 결과 역시 국민 다수의 정서와는 떨어진 결과가 나왔던 것이다. 너무나 잘못된 예측에 웃음거리가 된 리터러리 다이제스트는 2년 후인 1938년 다른 잡지사에 흡수 합병되고 만다.*

리터러리 다이제스트의 시대에는 설문 엽서를 받은 대상 집단이 전체 집단을 대표하지 않을 수 있다는 사실을 무시하다가 사고가 났다면 요즘은 그 상황이 조금 더 복잡해졌다.

페이스북 창업자 마크 주커버그는 2014년 페이스북 사용자를 대상으로 하는 온라인 공개 질의와 답변 행사에서 페이스북 뉴스피드의 목표가 개인에 대한 맞춤 신문을 제공하는 것이라고 말한 바 있다.** 이를 위해 페이스북은 뉴스피드에 노출하는 게시물을 선택할 때 계정 소유자가 어떤 취향인지를 추측하여 선호할 만한 게시물을 우선적으로 노출시킨다. 왜냐하면 사용자가 뉴스피드에 오래 머무르며 게시물을 읽을수록 그는 게시물 사이 사이 삽입된 광고까지 더 많이 소비하게 되며 이는 페이스북의 가장 주요한 수익원인 광고의 가격을 결정하는 도달률을 높이는 데 중요한 기여를 하기 때문이다. 따라서 페이스북은 뉴스피드를 사용자의 취향에 적합한 게시물로 채우기 위해서 끊임없이 노력하고 있다.***

사용자의 취향을 페이스북이 어떻게 판단하는지에 대해서 공식적인 설명이 나온 적은 없다. 하지만 페이스북으로 마케팅을 진행하는 광고 집

....

* Literary Digest, 〈https://en.wikipedia.org/wiki/The_Literary_Digest〉
** 주커버그 "뉴스피드, 완벽한 맞춤 신문이 목표", 〈http://www.bloter.net/archives/212237〉
*** 최근 2년간 페이스북 알고리즘 변화 분석 레포트, 〈http://ppss.kr/archives/70247〉

행 담당자가 뉴스피드 노출을 높이기 위해 시도한 여러 가지 노력의 결과로 사용자와 서로 댓글을 남기거나 '좋아요'를 한 적이 있는 지인의 게시물이 노출되는 확률이 높다는 것은 거진 확실한 사실로 알려져 있다. 그도 그럴 것이 자신과 선호가 비슷한 사람이라면 댓글이나 '좋아요' 등으로 동감을 표현하는 것이 자연스러운 행동이라 하겠다. 일단 이렇게 서로 댓글과 '좋아요'를 주고 받기 시작하면 더욱 서로의 뉴스피드에 상대 게시물이 상위에 노출되는 확률이 높아지므로 더욱 긴밀한 관계가 될 가능성이 높아진다.

사람을 서로 더 가깝게 해주는 일은 좋은 일이다. 하지만 잘 생각해 보면 어떤 게시물의 노출 가능성을 높인다는 것은 다른 게시물의 노출 비율을 낮춘다는 의미다. 내가 싫어하는 게시물이라도 일정 수준 꼭 보아야 한다는 이야기가 아니다. 특정 성향의 게시물에 대한 노출이 더 많아지면 우리는 그러한 종류의 게시물이 실재보다 더 많다고 착각을 일으킨다. 이러한 현상을 '필터 버블'이라 한다. 필터 버블이란 개인화된 검색의 결과로 인해 자신의 선호에 맞춘 결과가 주로 노출되고 그렇지 않은 결과는 필터에 걸러져 노출되지 않게 됨으로써 그 사람은 자신이 선호하는 사건의 비율이 실재보다 더 많다고 착각하는 현상을 말한다.*

다음과 같은 상황을 생각해 보자. 당신이 진보적인 성향을 지닌 사람이라고 가정하자. 당신은 자신의 페이스북에 이제 우리 사회 구성원이 성소수자나 낙태 등에 대해 좀 더 열린 마음으로 받아들이는 것이 필요하다

---

* 필터 버블(Filter Bubble), 〈http://terms.naver.com/entry.nhn?docId=2718605&cid=55571&categoryId=55571〉

는 의견을 포스팅했다. 보수적인 종교 신봉자로 보이는 몇 명을 제외하고
는 여러 사람이 댓글로 내 의견에 동의를 표하고 '좋아요' 표시도 해준다.
게시물마다 욕설을 달던 사람 몇몇을 결국 차단할 수밖에 없었던 것은 유
감이었지만 장문의 댓글로 내 의견에 동감을 표해 준 몇몇 사람에게 흥미
가 생긴 나는 그들의 페이스북으로 찾아가 친구 신청도 하고 안부 인사도
남긴다. 점점 이들과 사이버 공간상에서의 친분이 두터워지면서 알게 모
르게 내 뉴스피드에서 그들의 게시물이 많이 올라온다. 원래부터 비슷한
생각을 가진 터라 그때마다 적극적인 동의를 표하며 '좋아요', 댓글 등으
로 교류를 이어 간다.

그와는 다르게 낙태에 대해 보수적인 생각을 가지고 있는 오프라인 친
구가 있다. 내가 낙태에 관련한 게시물을 올리기 전까지는 가끔씩 게시물
을 올리고 뉴스피드에서 그 친구의 게시물을 볼 때마다 댓글로 안부를 묻
던 사이였는데 그 뒤론 내 게시물에 댓글을 달지도 않고 내 뉴스피드에서
잘 보이지도 않는다. 이제 페이스북을 하지 않는 것인지도 모르겠다. 이
친구는 정말 페이스북을 그만 두었을까? 그리고 내가 페이스북에 진보적
인 게시물을 올리고 여러 진보적인 성향의 사람과 소통함으로써 진보적인
가치가 이 사회에 조금이나마 더 확산되게 한 것일까?

글쎄, 사실 검증할 방법은 쉽지 않다. 하지만 시간이 날 때마다 습관처
럼 페이스북에 접속하여 새롭게 올라오는 소식을 훑어보는 당신에게 확실
한 것 하나는 당신의 뉴스피드에 쉼 없이 올라오는 소식은 이미 페이스북
이 당신의 마음을 상하게 할 것 같은 소식을 최대한 숨긴 결과물이라는 것
이다. 따라서 페이스북에서 세상 소식을 접하는 당신은 어느 쪽으로든 분
명히 편향되어 있는 데이터에 일상적으로 노출되고 있으며 이로 인해 어

느 정도 영향을 받을 수밖에 없다는 것을 인정해야 한다.*

리터러리 다이제스트가 폐간된 지 80년이 지났다. 그 기간 동안 우리가 조금이나마 더 성장했다면 페이스북 뉴스피드에 특정한 정치 이념을 지지하는 게시물이 절대 다수이므로 내가 지지하는 정당이 최소한 온라인상에서는 대세가 되었다고 판단해서는 안 된다.

살아남는 자가 강한 자다

조던 앨런버그는 그의 책『틀리지 않는 법 : 수학적 사고의 힘』에서 2차 세계대전 당시 비행기의 장갑을 강화할 부분을 결정하는 문제에 대해 소개한 바 있다.**

대략의 내용은 이렇다. 적과의 교전에서 조종사를 보호하고 최대한 많은 기체를 귀환시키기 위해 적의 탄환을 막을 장갑을 비행기에 추가하기로 결정한다. 하지만 너무 많은 부위에 장갑을 두르면 무게가 늘어나 비행기의 움직임에 방해가 될 수 있다. 따라서 제한된 무게의 장갑을 추가할 수 있을 때 어느 부분을 먼저 보호해야 할까?

물론 감과 직관이 아니라 데이터에 의해 판단해야 한다는 것은 이미 그때부터 상식이었던 터라 출격을 마치고 돌아온 비행기를 대상으로 총알구멍의 수를 세어 구역별로 비교한 데이터가 제공되었다. 그 결과 가장 많은 피해를 받은 곳은 동체와 날개 부위였고 엔진 부분이 가장 그 수가 적었다. 이렇게 보면 동체와 날개에 장갑을 추가해야 할 것 같은데 이 데이

---

* 페북의 고백 "소셜미디어, 민주주의 부식시킬 수 있다" 〈http://www.hani.co.kr/arti/international /america/829029.html?_fr=mt3〉
** 조던 앨런버그, 〈틀리지 않는 법〉, 열린책들, 2016

터를 본 통계학자는 엔진 부위에 장갑을 추가해야 한다는 결론을 내렸다.

통계학자가 이렇게 판단한 이유는 무엇일까? 그는 데이터를 얻어낸 표본이 교전에 참가한 전체 비행기가 아니라 '귀환한' 기체라는 것을 꿰뚫어보았기 때문이다. 다시 말해 동체나 날개에는 총알 구멍이 나도 그럭저럭 돌아오는 비행기가 있었지만 엔진에 총알 구멍이 나면 대부분 돌아오지 못했고 따라서 귀환한 기체에서 발견된 총알 구멍은 그곳이 위험하다는 것을 나타내는 것이 아니라 오히려 몇 방 맞아도 버틸 만한 부분임을 의미한다는 것을 알아챘던 것이다.

이렇게 우리가 수집할 수 있는 데이터만을 대상으로 판단하기 때문에 발생하는 문제는 우리 주변에서 의외로 흔히 찾아볼 수 있다. 개가 사람을 무는 것은 뉴스가 되지 않지만 사람이 개를 물면 뉴스가 된다는 이야기를 들어본 적이 있는가? 당연히 개에게 물린 사람의 수가, 사람에게 물린 개의 수보다 많을 것은 분명하다. 하지만 신문에 게재된 양쪽 사건의 수를 비교하여 외출 시 어느 쪽에 입마개를 씌워야 하는지 결정하려 한다면 엄청나게 왜곡된 결과가 나올 것이다.

비근한 예로 하버드대학교 입학 허가를 얻기 위해 필요한 것은 보라색 잠옷이라는 이야기도 있다. 하버드대학교의 교수가 매년 강의를 듣는 학생을 대상으로 어렸을 때 잠옷을 입고 잠을 잤는지를 조사하자 그 비율이 일반인보다 훨씬 높았다는 이야기에서 비롯된다. 하지만 잠옷에 대한 소유는 잠옷을 사줄 여유가 있는 부모의 존재와 인과관계를 가진 것이지 하버드대학교 입학과 인과관계를 가지지 않는 것은 분명하다.

우리는 수집한 데이터가 상당히 크기만 하면 전체 데이터를 충분히 대표할 수 있다고 간주하는 경향이 있다. 그도 그럴 것이 우리가 데이터에 기반한 선택을 하는 이상 얻을 수 있는 최대한의 데이터를 수집했다면 더 이상 무엇을 더 할 수 있을까 싶기도 하다. 하지만 세상 일이란 그렇게 최선을 다했다고 해서 반드시 보상을 해주는 것은 아니다. 우리가 전체 모집단의 편향되지 않은 표본이라고 철석같이 믿은 그 데이터가 혹시나 운 좋게 살아 돌아온 비행기의 총알 구멍만 센 것은 아닌지 검증하는 것은 아무리 조심해도 지나치지 않다.

요약

정확도는 그 이름으로 인해 재현율과 혼동되는 경우가 많다. 그럼에도 불구하고 대중적으로 정확도가 사용되며 이는 재현율을 구하기가 어렵기 때문이다. 하지만 이 두 가지는 엄밀히 말해 서로 혼용하여 사용할 수 없는 전혀 다른 값이다.

혼동 행렬은 예측의 성공 실패와 실제 참, 거짓의 경우를 표로 나타낸 것으로 정확도와 재현율 역시 이 표에서 명확히 구분된다.

기저 확률 자체가 낮은 사건은 계산된 확률이 높다 할지라도 실제 발생할 가능성은 그와는 다를 수 있다. 이것은 비행기 사고의 사망률은 자동차 사고의 사망률보다 매우 높지만 운행거리당 사고 발생 확률은 자동차 사고가 훨씬 크기 때문에 실제 사망자 수는 자동차 사고가 많은 이유를 설명해 준다.

현대 기술 기업의 최신 트렌드는 고객 개개인에 대해 맞춤 정보를 제공함으로써 사용자의 이탈을 막고 서비스에 대한 의존을 강화시키는 것이다. 이로 인해 필터 버블과 같은 정보에 대한 편향이 이루어지게 되고 사용자의 인식에 영향을 미칠 수 있다는 주장이 대두되고 있다.

표본의 크기가 크다고 해서 편향이 없거나, 혹은 편향이 비교적 작아질 것이라고 판단해서는 안 된다. 우리가 궁금해하는 다수는 설문조사에 의도적인 무응답으로 침묵하거나 돌아오지 못한 비행기와 같이 우리의 손이 닿지 않는 곳에 숨어있기 때문이다.

Chapter 5

거짓말은 아닙니다

Figures Don't Lie, But Liars Do Figure.
숫자는 거짓말을 하지 않는다. 하지만 거짓말쟁이는 숫자를 말한다.[*]

윤리적으로 문제없는 데이터

상대의 주장을 반박하는 논거로 데이터 만한 것은 없다. 아무리 강하게 자신의 주장을 고수하던 사람이라도 스스로의 논리로는 설명할 수 없는 수치로 가득한 데이터 앞에 서게 되면 순간적이나마 그 기세를 잃고 괜스레 좌우를 둘러보며 딴소리를 하기 마련이다.

뿐만 아니라 데이터 이외의 것으로 주장의 근거를 삼는 경우에는 근거의 증거 능력에 대한 도전을 추가로 받을 수 있다. 이는 '메시지를 반박할 수 없으면 메신저를 공격하라'는 전략으로 나타나는 경우가 많다. 그 예로 B라는 내용의 주장을 하기 위해 아래와 같이 권위자 A의 언명을 인용하는 경우를 생각해 보자.

---

[*] 저자 미상의 격언, 〈https://quoteinvestigator.com/2010/11/15/liars-figure/〉

학계의 유명 인사 A씨 역시 B가 더 낫다는 주장을 한 바 있다.

단순히 누가 어떤 말을 했다는 사실에 대한 인용 한 줄임에도 불구하고 다음과 같은 반론이 나오는 것은 각오해야 할 것이다.

- A씨가 그 분야에서 대중적으로 유명하기는 하지만 그 분야 전체를 대표하지는 않는다. 오히려 대부분의 전문가는 다르게 생각한다(A씨는 전문가가 아니다).
- A씨는 사실 엄밀하게 말해 비슷하게 보이지만 조금 다른 분야에 특화된 사람이다. 그래서 그런지 B에 대해서 잘못 파악하고 있다(A씨가 이 분야의 전문가는 아니다).
- A씨의 주장은 B가 아니라 C라는 이야기인데 당신이 잘못 이해하고 있다(A씨가 그런 말을 한 적은 있으나 당신 주장과 같은 의도로 한 말이 아니다).
- A씨가 그런 주장을 했을 리 없다. 혹시 그런 주장을 정말 A씨가 했다면 나는 A씨에게 실망이다(그럴 리도 없지만 A씨의 의견과 무관하게 당신의 주장은 전혀 받아들일 수 없다).

이렇게 권위자를 끌어들여 자기 주장의 근거로 삼으려 했다가 그 권위자가 권위를 가질 만하다는 것을 추가로 증명해야 한다면 이는 혹을 떼려다 붙인 격이며 오히려 인용하지 않는 것보다 못한 상황이라 하겠다.

이에 반해 데이터에 기반한 주장은 받아들이는 태도가 다르다. 우리는 데이터 자체는 가치 중립적이라고 생각하기 때문에 근거가 되는 데이터가 존재한다는 점은 일단 받아들이고, 그 데이터에 대한 해석이 정당한지에 대해 판단하려는 경향이 있다.

그런데 우리가 생각하는 것처럼 데이터는 정말 가치 중립적일까?

잘 생각해 보면 여기서의 데이터는 주장하는 사람이 제공한 데이터다. 그렇다. 정직하지 않은 사람이라면 데이터 자체를 위조해서 자신의 목적을 달성하려 시도할 수 있다. 그러나 이런 경우는 지나친 비약일 수 있으니, 그러면 앞선 질문에 조금 더 조건을 추가해 다음과 같이 모양을 바꾸어 다시 생각해보자.

거짓말을 하지 않는 사람이 주장의 근거로 제공하는 데이터는 가치 중립적인가? 그래서 우리는 이 데이터가 유의미하다고 받아들일 수 있을까?

최대 다수의 최대 행복을 모토로 삼는 공리주의적 윤리설에 의하면 어떤 말이 실상 거짓이라도 그로 인해 전체 행복의 양이 더 커진다면 이것을 단순히 거짓말이라고 해서 배척할 필요는 없다고 본다. 우리는 친구가 방금 미장원에서 하고 나온 머리 모양이 아무리 마음에 들지 않더라도 굳이 그 앞에서 대놓고 "그 머리 모양에 그만한 돈을 쓰느니 나는 밥이나 한 끼 더 잘 먹겠다"고 말하기보다 "어, 머리 새로 했구나. 응, 네게 잘 어울리네"라고 말하는 것이 더 낫다는 점에 모두 동의할 것이다.

이와의 대척점에, 거짓말이란 것은 어떤 상황에서도 용납될 수 없다고 주장하는 의무론적 윤리설이 있다. 이 학설의 대표격인 임마누엘 칸트의 주장을 빌면 거짓말은 타인의 인격을 목적으로만 대하고 수단으로는 대하지 말라는 정언 명령, 즉 무조건적으로 지켜야 하는 명령에 위배되는 행위이기 때문에 거짓말은 절대로 해서는 안 된다.

미국의 정치학자 마이클 샌델은 그의 유명한 책 『정의란 무엇인가』에서 의무론적 윤리 하에서 겪을 수 있는 문제에 대해 다음과 같이 소개하고 있다.[*]

살인자가 집에 찾아와 내 친구가 어디에 있는지 묻는다. 나는 이미 이 친구를 집 안에 숨겨 준 상황이다. 이 살인자에게 정직하게 대답한다면 내 친구의 생명이 위험하다. 거짓말을 해서 이 순간을 모면해도 될까?

....
[*] 마이클 샌델, 〈정의란 무엇인가〉 p195, 김영사, 2010

당신이 공리주의자라면 당연히 내 친구의 생명이 위험한 상황에서 거짓말로 그 상황을 모면하는 것에 거리낌이 없을 것이다. 하지만 이 상황에서도 칸트의 대답은 "그래도 거짓말은 안 된다"는 것이다. 하지만 친구의 생명도 소중하니 이 철학 계의 거물은 다음과 같은 방법을 우리에게 열어 주었다. 그 살인자의 질문에 "한 시간 전에 저 거리를 지나가는 것을 보았다"라고 둘러대는 것은 윤리적으로 가능하다고.

그렇다. 맞는 말이다. 한 시간 전에 친구는 저 거리를 통해 내 집으로 들어왔으니까 살인자에게 거짓말을 한 것은 아니다. 이것은 살인이라는 악행이 뻔히 예상되는 이 상황에서 거짓이 아닌 말로 듣는 사람이 오해하도록 하는 것은 허용된다는 것이다. 이게 무슨 말장난 같은 소리인가 싶을지 모른다. 하지만 거짓말을 하지 않는다는 원칙을 지킬 수 있었는가의 관점에서 보면 오해를 일으킬 수 있는 진실을 말하는 것과 속이려는 의도를 가진 거짓말은 동일한 결과를 가져온다고 할지라도 전혀 다르다는 것이 칸트의 주장이다.

이제 스스로 정직하다고 생각하는 사람이 데이터에 기반한 주장을 하고 있다고 생각해 보자. 그러면 이 데이터는 가치 중립적이고, 우리는 이 데이터를 온전히 믿고 해석의 방식에 문제가 있는지 이것만을 따져 보면 될까?

그렇지 않다. 그 사람이 윤리적이라고 자부하는 것과 그가 자신의 주장을 뒷받침하는 데이터를 취사 선택하는 것은 관계가 없다. 공리주의자라면 자신의 주장이 옳기 때문에 일부 데이터를 강조함으로써 자신의 주장이 받아들여지게 하는 결정에 주저함이 없을 것이고, 거짓말이라면 치를 떠는 의무론적 윤리 의식을 가진 사람이라도 없는 데이터를 만들어 내는 것이 아니라 필요하지 않다고 판단한 데이터를 굳이 언급하지 않는 것에 아무런 거리낌이 없을 것이다.

이런 식으로 완전히 윤리적이지만 의도하지 않게 오해를 불러 일으킬 수도 있는 데이터가 만들어진다. 이러한 데이터는 주장의 근거가 될 수 있는 값이 더 눈에 띄도록 강조되어 있다. 그리고 주장에 도움이 되지 않는 수치는 굳이 따로 언급되지 않고 전체 데이터 내에 녹아 있다. 따라서 이러한 데이터를 해석하려는 우리의 시도는 의도적으로 오해를 유발하기 위해 추가된 함정을 어떻게 피해 나갈 수 있는가에 의해 그 성패가 결정된다. '이제 오해를 좀 해주면 좋겠다'는 간절한 소망과 함께 사용되는 대표적인 데이터 위장 방법에 대해 알아보기로 하자.

차원 이동으로 부풀리기

5만 원에서 10만 원이 되면 금액이 두 배가 된 것이다. 그런데 아래 그림을 보자.

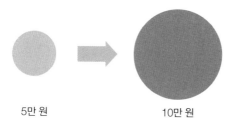

5만 원   10만 원

두 배가 커진 것으로 보이는가? 오른쪽 원의 지름은 왼쪽의 두 배이다. 명백하다. 두 배가 되었으니 두 배로 길이를 늘였다. 그런데 아무리 봐도 두 배보다 더 큰 것처럼 느껴진다.

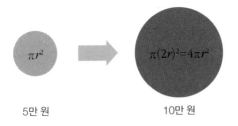

π r²

π(2r)²=4π r²

5만 원   10만 원

사실 더 큰 것이 맞다. 큰 정도가 아니라 수치를 2차원인 그림으로 바꾸어 나타내니 넓이가 네 배로 훨씬 과장되게 커졌다. 그냥 보이기만 저럴 뿐이지 실상 큰 문제는 아니라고 생각할지도 모르겠다. 하지만 저 원이 피자라고 생각해 보자. 그 어떤 가게 주인도 면적이 네 배인데 두 배 가격만 받고서 팔고 싶지 않을 것이다.*

이왕 강조하는 김에 차원을 하나 더 올려 보자.

자동차 회사에서 적재함의 길이가 기존 크기의 두 배인 트럭을 세 배 가격에 판다고 발표했다. 소비자는 크기가 두 배인데 왜 가격이 세 배인지 항의하기 시작했다. 회사에서는 크기가 두 배면 짐을 세 배 이상 실을 수 있다고 설득했으나 소비자의 불만은 수그러들지 않았다. 이에 두 차종을 나란히 두고 공개 비교하는 행사를 하기로 한다.

왼쪽이 구 버전이고, 오른쪽이 신 버전이라고 하자.

....
* 그러면 정확히 넓이가 두 배인 원의 지름은 원래 원의 지름보다 얼마나 커야 할까? 그 답은 $\sqrt{2}$ (1.414213…)배다.

　왼쪽 트럭 두 대에 오른쪽 트럭의 짐을 다 옮겨 실을 수 있다고 보이는가?

　오른쪽 트럭에 실린 짐의 부피는 왼쪽 트럭에 실린 짐의 여덟 배($2 \times 2 \times 2 = 8$)나 된다. 그러므로 오른쪽 트럭의 가격이 세 배인 것은 적재량만 따져보면 엄청난 할인 판매라고 하겠다.

정밀한 숫자와 정확한 값

올림픽과 같은 거대한 시설 투자가 필요한 국제대회를 유치한다고 하면 한 번 쓰고 말 시설에 예산을 낭비한다는 지적이 나온다. 그러면 주최 측에서는 여러 경제연구소에 용역을 주어 국제대회를 유치함으로써 얻을 수 있는 경제적인 이익을 추산한 보고서를 만들어 반대 여론에 대해 설득을 시도하는 것이 일반적이다.

　다음은 2011년 어느 경제연구소에서 작성한, 올림픽 유치로 예상되는

....

* 〈https://pixabay.com/ko/색-아이소메트릭-레드-트럭-차량-1293979/〉

경제적 효과에 대한 보고서에서 발췌한 표이다. 개별 항목에 대한 투자 예상 금액과 그 금액을 투자했을 때 얼마의 경제적 효과가 나올 것인지에 대해 추산하고 있다(투자의 경제적 효과: 약 16조 4,000억 원).

	투자 규모	생산유발액 (경제적 효과)
공항	6억 원	13억 원
도로와 철도	4조 7,425억 원	11조 892억 원
숙소	7,710억 원	1조 6,156억 원
대회장	5,402억 원	1조 1,588억 원
선수촌	8,165억 원	1조 7,110억 원
미디어 센터	3,848억 원	8,064억 원
합계	7조 2,555억 원	16조 3,823억 원

〈현안과 과제 – 평창동계올림픽 개최의 경제적 효과〉, 현대경제연구소, 2011

이 표에 의하면 7조 원 정도를 투자하면 그 두 배가 넘는 16조 4,000억 원의 경제적 효과가 유발된다고 한다. 그런데 이 계산이 얼마나 정확한지 16조 3,823억 원이라는 아주 상세한 수치를 제시하고 있다. 이렇게 1억 원 단위까지 딱 떨어진 계산 결과가 나왔다면 우리가 알지 못하는 특별한 방법으로 정확한 추정을 했을 것 같아 쉽사리 의심을 품기도 어렵다. 그런데 대체 이렇게 자세한 수치를 어떻게 얻어냈을까? 이 보고서에는 이 수치가 어떻게 계산되어 나왔는지도 설명되어 있다.

1. 투자 규모는 평창동계올림픽유치위원회 자료
2. 생산유발액은 투자 규모에 한국은행 2008년 산업연관표상 해당 산업의 생산유발계수 값을 곱한 값[*]

---

[*] 현안과 과제, 현대경제연구소, 2011, 〈http://hri.co.kr/upload/publication/201177104948[1].pdf〉

일단 평창동계올림픽유치위원회가 투자 규모 예측을 굉장히 잘 한다고 하자. 그래서 실제 투자 금액이 예측한 값의 ±10% 안에서 집행되었다고 가정하자. 이 경우 '도로와 철도' 항목의 실제 투자 금액은 4조 2,683억 원에서 5조 2,167억 원 사이에 있을 것이다.

그런데, '공항' 항목으로 6억 원이 왜 끼여 있는지 궁금하지 않은가?

도로와 철도 한 항목에서만 예측의 오차가 4,000억 원이 넘게 발생하기 때문에 투자 규모의 합계를 구할 때 6억 원을 추가하거나 제외한 값은 실질적인 차이가 없다. 그런데 왜 굳이 이렇게 의미 없는 항목을 만들어 넣었을까? 그리고 그 6억 원까지 포함하여 계산한 7조 2,555억 원은 어떤 의미를 가지는 것일까? 조 단위만 나타낸 7조 원이나, 1,000억 원 단위까지 처리한 7조 2,000억 원도 아닌 1억 원 단위까지 굳이 표기한 이유가 무엇일까?*

주장의 근거로 데이터를 제공하면서 그 값 중 실질적으로 영향이 없거나 미미한 항목까지 넣어 계산 결과값을 복잡하게 제시하는 이유는, 저렇게 작은 수치가 중간 계산에 포함되면 계산된 결과값의 길이가 길어지기 때문이다. 우리는 복잡하고 긴 결과값을 보면 정확도가 높다고 믿으며 결과값이 정밀하게 계산된 것이라고 생각하는 경향이 있다.

하지만 결과값이 정밀하다고 해서 그 결과가 더 정확하다고 말할 수는 없다. 예를 들어 A, B 두 사람이 카페에 앉아 지나가는 사람의 키를 추측

---

* 표에 나열된 투자 규모 금액의 합은 7조 2,555억 원이지만 실제 각 투자 규모 항목의 금액을 더해보면 7조 2,556억 원이다. 이는 평창동계올림픽유치위원회 항목 자료의 억 단위 이하 값을 절사 등의 처리로 가공하여 사용했다는 추정을 할 수 있다. 이것만 보더라도 6억 원인 '공항' 항목은 고려할 가치가 없다.

하고 있다고 하자. A는 '한 1m 70cm에서 1m 80cm사이'라고 말하고, B는 같은 사람에 대해 '172.78cm'라고 말했다면 자세히 추정한 B가 실제 키를 더 정확히 맞췄다고 할 수 있을까? 아마도 두 사람 중 누구의 예측이 맞는지에 돈을 걸라고 했다면 B에 걸 사람은 찾기 쉽지 않을 것이다.

보고서는 평창에 올림픽을 유치하고 그에 필요한 시설 투자로 7조 원을 투자하면 16조 4,000억 원의 경제적 효과를 거둘 수 있다고 제시하고 있다. 사실 경제적 효과를 정확히 측정한다는 것 자체가 어려운 일이다. 먼저 올림픽 전후의 경제 규모를 각각 측정하고 그중 어느 정도가 올림픽의 효과인지를 추려내는 것은 불가능에 가깝다. 하지만 지금도 확실하게 알 수 있는 것은 16조 3,823억 원이라는 굉장히 자세하고 정밀한 결과값은 정확하지 않다는 것이다. 하지만 굳이 이러한 항목을 일일이 수고롭게 나열한 이유는 이 보고서를 읽는 사람에게 16조 3,823억 원이라는 결과값이 저렇게 자세하게 계산되었으니 아마도 맞을 것이라는 오해를 주기 위함, 더 이상의 의미는 없다.

지나치면 해가 된다. *

개인적으로 정밀함이 지나쳐서 오히려 어색한 경험을 한 적이 있다. 맥스 브룩스가 저술한 『세계대전 Z』에서는 갑자기 집 안에 좀비가 들어오면서 사람들이 깜짝 놀라는 부분을 다음과 같이 서술한다.

"그건 153cm 정도 되는 키에, 축 처진 좁은 어깨에, 배를 쉴 새 없이 헐떡이고 있더군요"

읽으면서 좀비의 출현으로 깜짝 놀란 사람이 한 눈에 파악하기로는 153cm가 지나치게 정밀한 수치라는 생각이 들었다. 그러면서 아마 원문은 미국식 도량형으로 키를 대충 표현했을 텐데 번역 과정에서 한국에서 사용하는 도량형인 미터법으로 변환하면서 발생한 일이 아닐까 하고 추측했었다.

. . . .

* 맥스 브룩스, 〈세계대전 Z〉 p107, 황금가지, 2008, https://books.google.co.kr/books?id=yd8o DwAAQBAJ&pg=PT156&dq=world+war+z&hl=ko&sa=X&ved=0ahUKEwj9hd7C9JrZAhVCk 5QKHR8dAmEQ6AEILjAB#v=onepage&q=five%20foot%20ten&f=false

그런데 153은 1피트인 30.48로 딱 나누어지지 않는 수라 내심 원문이 궁금했다.

$$153=30.48\times5+0.6$$

알고 보니 원 문장은 아래와 같았다.

"It was about five foot ten, slumped, narrow shoulders with this puffy, wagging belly."

5피트 10인치는 $30.48\times5+2.54\times10=177.8$이므로 153이 아니라 178이라야 했고 조금 더 현실적인 표현으로는 '그건 180cm 정도 되는 키에, …'가 된다.

귀무가설과 검정

자신이 동전을 던져 앞면이 나오면 베팅한 돈의 세 배를 주겠다는 도박사를 만났다고 하자. 우리는 이미 3장에서 소개한 큰 수의 법칙을 알고 있다. 따라서 충분히 큰 횟수로 시행을 반복하면 동전의 앞면이 나오는 수는 전체의 절반이 될 것이고 그러므로 이익을 볼 확률이 높다고 판단하여 내기에 응한다.

그런데 아뿔싸! 첫 판부터 지기 시작하더니 내리 네 판을 지고 말았다. 돈을 잃어 화가 나는 건 물론이고 '이렇게 운이 없을 수 있는가' 하는 생각이 든다. 그러다 혹시 저 도박사가 던지고 있는 동전에 무언가 속임수가 있지는 않은지 의심이 들면서 정말 이 동전의 앞면이 나올 확률이 $\frac{1}{2}$이 맞는지 확인하자고 마음 먹는다. 그러던 동안 다시 내기가 이어졌고 또 뒷면이 나왔다. 그러니까 동전을 다섯 번 던져 모두 뒷면이 나온 것이다. 더 이상 참지 못하고 "아무래도 동전이 이상한 것 같다"고 문제를 제기하자 도박사는 "이제 내기는 끝났다"며 주섬주섬 판을 접는다.

우리는 지금 도박사가 사라지기 전에 경찰을 불러야 할지 고민에 빠졌다. 동전을 경찰에게 확인하게 해서 이상이 있다는 걸 밝힐 수 있다면 지금까지 내기로 잃은 돈을 돌려받을 희망이 생기지만 만약 동전에 이상이 없다면 체면이 상하게 되는 건 물론이고 괜히 의심을 받은 도박사에게 원한을 사게 되는 위험도 감수해야 한다.

그렇다면 동전이 몇 번이나 연속해서 뒷면이 나와야 이상하다고 판단할 수 있을까?

먼저 도박에 사용된 동전의 앞면과 뒷면이 나올 확률이 모두 $\frac{1}{2}$이라고 가정하자. 이 가설이 성립한다면 동전에 이상이 있을 것이라는 우리의 문제 제기는 기각될 것이다. 이는 우리의 예측을 무(無)로 돌아가게 하는 가설이라고 해서 '귀무가설(歸無假說)'이라 부른다. 이제 이 귀무가설이 성립한다고 가정하자. 그러면 동전의 뒷면이 나올 확률은 $\frac{1}{2}$이고 앞서 사건과 같이 뒷면이 연속으로 다섯 번 나올 확률은 $\left(\frac{1}{2}\right)^5 = \frac{1}{32} = 0.03125 \cong 3\%$가 된다. 이렇게 귀무가설 하에서 사건이 발생할 수 있는 확률을 '유의 확률(P-값)'이라고 부른다.

그렇다. 도박사가 던진 동전이 정상이었다면 연속으로 뒷면만 다섯 번 나오는 확률은 약 3%가 된다. 이제 우리는 이 3%가 과연 어느 정도인지를 판정해야 한다. 이 정도면 거의 가능하지 않을 일이라 판정하여 귀무가설(이 동전의 앞면과 뒷면은 동일한 확률로 나온다)을 폐기함과 동시에 경찰을 부를 수도 있고, 반면 3%란 확률이 상당히 작긴 하지만 그래도 도박사가 100명 중 선택된 세 명 안에 드는 운 좋은 경우라고 판정하여 귀무가설을 기각하지 못하고 사용한 동전에는 이상이 없다는 판단과 함께 순순히 그를 보내줄 수도 있다.

발생할 확률이 3%인 사건은 그다지 발생할 만한 사건인가, 아니면 그렇지 않은가?

이제 우리는 이 사건이 희귀하다고 판정을 내릴 기준이 필요하다. 즉, 귀무가설이 성립할 때 이 사건이 일어날 확률, 즉 유의 확률이 무엇보다 작으면 귀무가설을 기각할 수 있을지 결정해야 한다.

이러한 유의 확률과 비교할 기준을 '유의 수준'이라고 하며 관례적으로 0.01(1%)나 0.05(5%)를 사용한다. 일단 0.05를 유의 수준으로 사용하기로 하고 이 기준에 의해 위 상황을 다시 한번 정리하자면 다음과 같다. 동전이 정상적일 때 뒷면만 연속으로 다섯 번 나올 확률인 유의 확률(P-값) 3%(0.03125)는 방금 선택한 유의 수준 0.05보다 작으므로 귀무가설(이 동전의 앞면과 뒷면은 동일한 확률로 나온다)은 기각된다. 따라서 동전은 정상이 아니라고 판정하고 당장 경찰을 부르고 동전의 앞/뒷면을 검증해야 한다.

지금까지 다 그럴싸한 이야기고 구구절절 흠잡을 곳 하나 없어 보인다. 단 하나, 유의 수준을 우리가 임의로 대충 0.01이니 0.05라고 잡은 것만 빼면 그렇다. 생각해 보면 유의 확률이란 것이 귀무가설이 성립할 때 이런 일이 일어날 수 있는 가능성이란 점에서 유의 확률과 비교할 유의 수준을 무슨 값으로 정하는가에 따라 판정이 전혀 달라진다. 위의 동전 도박사의 예에서도 유의 수준을 0.01로 삼으면 유의 확률(P-값) 0.03125가 유의 수준 0.01보다 크므로 귀무가설을 기각할 수 없으며 이 경우에는 우리의 돈과 함께 사라지는 도박사의 뒷모습을 처량하게 바라볼 수밖에 없다. 어떤 값을 선택하는지에 따라 정반대의 대응이 필요한데 이렇게 중요한 유의 수준을 관습적으로 사용되는 값 중에서 임의로 결정한다는 것은 어떤 의미일까?

이건 물고기를 잡기 위한 그물코의 크기와 같다. 그물의 망이 촘촘하면 큰 물고기, 작은 물고기를 모두 잡을 수 있지만 팔 수도 없는 작은 물고기까지 섞여 들어오기 때문에 시장에 내어 팔기 전에 실제로 가치 있는 큰 물고기를 다시 걸러내는 작업이 필요해진다. 그렇다고 망이 지나치게 성기면 걸리는 물고기보다 빠져나가 버린 물고기가 더 많을 것이다. 따라서 좋은 어부는 자신이 필요한 크기의 물고기가 빠져나가지 못할 정도의 적당한 그물코의 크기를 가진 어망을 사용한다. 유의 수준 역시 같다. 유의 수준을 가능한 크게 함으로써 내기에서 몇 번 돈을 잃기만 하면 바로 동전에 부정이 있다고 보고 신고부터 할 것인지, 아니면 유의 수준을 작게 하여 일부 사기꾼을 놓치는 한이 있더라도 잘못된 판정으로 정직한 사람을 고발하는 것을 최대한 피할지는 결국 우리의 선택에 달려 있다.

셋 중 하나는 재현이 안 된다

'통계적 가설 검정'이란 모집단의 실제 값에 대한 주장의 진위 여부를 표본의 정보를 사용하여 가리는 것을 말한다.* 앞선 절에서 예시한 동전 도박사의 부정 여부를 따져보면서 우리는 이미 통계적 가설 검정을 아래와 같이 수행한 바 있다.

- 귀무가설 : 동전의 앞, 뒷면이 나올 확률은 $\frac{1}{2}$로 같다.
- 귀무가설을 가정하였을 때 표본과 같은 현상이 발생할 확률은 $\left(\frac{1}{2}\right)^5 = \frac{1}{32} = 0.03125$
- 표본에서 얻은 정보 : 다섯 번 동전을 던져 모두 뒷면이 나왔다.
- 유의 수준 0.05은 유의 확률 0.03125보다 크므로 귀무가설을 기각한다.

---

* 통계적 가설 검정, 〈https://ko.wikipedia.org/wiki/가설_검정〉

– 실제 값에 대한 주장 : 내기에 사용된 동전의 뒷면이 나올 확률이 $\frac{1}{2}$이 아니다.

– 따라서 경찰을 부르자.

이와 같이 추출된 표본에 대한 조사를 통해 전체 모집단의 실제 값을 추정할 수 있게 해주는 통계적 가설 검정은 데이터에 기반한 의사 결정의 기본적인 도구로 널리 사용되고 있다.

그런데 2005년 스탠퍼드대학교 의학 및 보건 정책 교수이자 통계학 교수인 존 이오아니디스는 한 편의 논문을 미국의학협회 저널에 발표한다. 그 내용은 1990년부터 2003년까지 발표된 임상 의학 논문 중 1,000회 이상 인용된 기록이 있는 49편을 선정하여 이 논문이 주장한 내용이 추후 독자적으로 진행된 후속 연구에서도 지지되었는지, 즉 동일한 결과가 나왔는지를 확인해 본 것이다. 그랬더니 놀랍게도 그중 $\frac{1}{3}$이 예전 연구에서 주장한 효과가 발생하지 않거나 오히려 반대되는 결과가 나왔다.[*]

문제가 심각해 보인다. 과학이란 동일한 조건일 경우 누가 다시 실험해도 같은 결과가 나와야 하는 것이 아닌가? 이렇게 재현되지 않는 실험 결과가 논문으로 발표될 수 있는 것일까? 어떻게 가장 많이 인용된 논문마저 $\frac{1}{3}$이나 재현 불가능한 데이터를 포함하고 있었을까? 대체 임상 실험이 어떻게 진행되었길래 우리가 과학 실험에서 기대하는 것과 이다지도 동떨어진 결과가 나온 것일까?

이를 살펴보기 위해 문제가 생긴 논문이 어떤 방식으로 데이터를 자신의 주장의 근거로 삼았는지 알아보자. 다음은 앞서 이오아니디스의 논문에 소개된 추후 연구에서 재현이 되지 않았던 불운한 몇몇 결과 중 하나의 개요이다.

----

[*] 존 이오아니디스, 〈https://jamanetwork.com/journals/jama/fullarticle/201218〉

열이 나서 생기는 발작을 막기 위해 사용되는 디아제팜 약제에 대한 실험*

대상 : 열로 인한 발작 증상을 겪은 적이 있는 406명의 소아
실험 방식 : 무작위 이중 맹검**
결과 : 열로 인한 경련 44% 감소(95% 신뢰 구간, P = 0.002)
결론 : 디아제팜 약제는 발열이 있을 때 투여하면 열로 인해 생기는 발작을 줄일 수 있다.

하지만 디아제팜 약제의 효능은 추후 연구에서 없다고 밝혀졌다.***

신뢰 구간은 1에서 유의 수준의 값을 뺀 값을 의미한다. 따라서 95% 신뢰 구간이란 것은 유의 수준을 0.05로 사용하겠다는 뜻이다. P-값, 즉 유의 확률이 0.002이므로 유의 수준 0.05보다 작다. 따라서 이 결과는 통계적으로 유의미하다고 볼 수 있으며 따라서 이 논문의 저자는 디아제팜 약제의 효능이 있다는 결론을 도출했다. 이렇게 충분히 통계적으로 유의미한 결과임에도 불구하고 추후 연구에서는 재현할 수 없었다면 어떤 문제가 있는 것일까?

그 이유는 어떤 주장이 통계적으로 유의미하다고 해서 그 주장이 진실이란 것을 보장해 주지 않기 때문이다. 혼란스러운가? 왜 그런지 살펴보기 위해 유의 확률, 즉 P-값의 의미에 대해 다시 생각해 보자.

유의 확률인 P-값은 귀무가설이 맞다고 가정하였을 때 관찰된 결과가 나올 가능성을 뜻한다. 따라서 P-값이 작으면 작을수록 관찰된 결과와 같

---

* A controlled trial of diazepam administered during febrile illnesses to prevent recurrence of febrile seizures. ⟨https://www.ncbi.nlm.nih.gov/pubmed/8510706⟩
** 이중 맹검이란 피실험자와 실험자 모두에게 위약인지, 실제 약인지의 여부를 숨기는 것을 의미한다.
*** A meta-analytic review of the preventive treatment of recurrences of febrile seizures., ⟨https://www.ncbi.nlm.nih.gov/pubmed/9427902⟩

은 현상이 발생할 가능성이 낮다는 의미가 되겠다. 다시 말해 이 P-값이 매우 낮은 사건이 발생하였다면 귀무가설 하에서는 발생하기 쉽지 않은 사건이 일어났다는 의미이다. 여기까지 보면 'P-값이 작다는 것은 우연이 아니라는 증거'라고 간주하는 것이 자연스럽게 느껴진다.

그런데 우리는 이 P-값이 절대로 발생하지 않을 만한 매우 작은 값임에도 불구하고 어처구니없게 자주 발생하는 사례를 이미 알고 있다. 로또의 1등 당첨자를 생각해 보자. 이 사람은 45개의 번호 중 여섯 개를 정확하게 선택한 사람이다. 임의로 선택한 여섯 개의 번호가 로또 당첨 번호와 일치할 확률은 약 800만 분의 1로 0.000000125이다. 다시 말해 P-값이 엄청나게 낮다. 하지만 우리는 벌어질 것 같지 않은 확률의 이 사건이 거진 매주 발생하는 것을 보고 있다. 그것도 몇 명씩이나. 이러한 결과에도 불구하고 당첨될 로또 번호를 찾아내는 특별한 방법은 없다는 귀무가설을 받아들이려면 유의 수준을 0.05, 또는 0.01 수준이 아니라 10^{-6}보다 작을 수를 써야 할 판이다. 그렇다고 모든 로또 1등 당첨자가 부정한 방법을 사용했다고 간주해야 할까? 당연히 그렇지 않다. 유의 확률인 P-값이 0.000000125이란 의미는 800만 번에 한 번 정도밖에 발생하지 않는 굉장히 희박한 확률의 사건이라는 것밖에는 알려주지 않는다. 다시 말해 이 사실은 모든 로또 1등 당첨자가 무언가 부정을 저질렀다는 사실을 증명한 것이 전혀 아니다. 단지 수많은 사람이 800만의 몇 배나 더 많게 로또를 사므로 1등 당첨자 역시 몇 명씩 발견되는 것일 뿐이다.

그렇다면 우리는 통계적 유의성이 있다는 것에 대해 어떻게 판단해야 할까? 단순히 어떤 사건이 발생할 유의 확률 P-값이 유의 수준보다 작다면 귀무가설에 문제가 있을 가능성이 있다는 것으로만 간주해야 한다. 더 이상의 의미는 부여해서는 안 된다. 하지만 앞서 디아제팜 약제의 효능 시험에서는 유의 확률 P-값이 0.002로 매우 작으니 우연히 발생했을 리 없다고 잘못된 판단을 내렸다. 그리고 나선 406명의 표본에서 관찰된 효과가 우연으로 발생한 것이 아니기 때문에 이 실험에 사용된 약제는 일반적인 상황에서도 효능이 있다고 성급한 결론을 내려 버림으로써 추후 연구에서 그 주장은 부정되는 운명을 맞게 된 것이다.

앞서 이오아니디스의 연구에서 알 수 있듯이 P-값을 가설의 진위를 결정하는 척도로 사용하는 관례는 이미 광범위하게 퍼져 있어 그 심각성을 더하고 있다. 이와 같은 상황을 해결하기 위해 2016년 미국통계학회는 유의 확률인 P-값이 오용되고 있다는 성명서를 발표한 바 있다.[*] 이 성명서에서 '유의 확률인 P-값은 가설이 참이거나 결과가 중요한지 여부를 결정할 수 없다'는 것을 분명히 밝히고 있다. P-값을 오용하면 재현되지 않는 연구 결과가 증가하게 되는 결과를 초래한다는 것을 경고하고 있으며 추가로 P-값은 과학적 탐구를 대체하기 위한 용도로 개발된 것이 아니며 통계적 탐구는 단일 수치가 특정 척도를 넘는지 여부로 판단하는 것과는 비교될 수 없이 훨씬 더 여러 다양한 측면을 가지고 있다고 선언하고 있다.

아래는 위 성명서에서 제시한 P-값의 적절한 사용에 대한 6대 원칙이다.[**]

1. P-값은 '데이터가 특정 통계 모형과 얼마나 상반되는지'를 나타낼 수 있다.
2. P-값은 '연구 가설이 참일 확률'이나, '데이터가 무작위적인 우연만으로 생성된 확률'의 척도가 아니다.

----

[*] AMERICAN STATISTICAL ASSOCIATION RELEASES STATEMENT ON STATISTICAL SIGNIFICANCE AND P-VALUES, 〈http://www.amstat.org/asa/files/pdfs/P-ValueStatement.pdf〉
[**] 미국통계학회 성명서, 통계적 유의성과 P값에 대한 성명서, 양병찬 번역, 〈http://www.ibric.org/myboard/read.php?Board=news&id=270293〉

3. 과학적 결론이나 사업이나 정책적 결정이 'P-값이 특정 문턱 값을 넘어서는지'에 의해서만 내려져서는 안 된다.
4. 적절한 추론을 위해 충분한 보고와 투명성이 필요하다.
5. P-값이나 통계적 유의성은 '효과의 크기'나 '결과의 중요성'의 척도가 아니다.
6. P-값 그 자체만으로는 어떤 모형이나 가설에 관한 증거를 판단하는 척도가 될 수 없다.

이렇게 P-값을 주장의 진위를 가리는 단일 척도로 사용해서는 안 된다는 것을 밝혔는데도 불구하고 여전히 P-값이 임의로 정한 0.05라는 유의 수준보다 낮다는 것 외엔 다른 근거가 없는 주장은 우리 주위에서 어렵지 않게(사실은 거의 대부분일 정도로) 찾아볼 수 있다. 생각해 보면 복잡 다양한 정보를 하나의 수치로 대표하여 나타낸 후 미리 정해놓은 단일 척도와 비교하여 명확하게 판단할 수 있다는 개념은 우리의 마음에서 완전히 떨쳐내기 힘든 달콤한 유혹이라 하겠다. 하지만 인생의 경험을 쌓아가면서 이런 단 한 발로 모든 문제를 처리할 수 있는 '은 총알은 없다(No Silver Bullet)'는 것 또한 분명해진다. 우리는 이러한 단일 척도에 기반한 주장에 대해서는 근거로 내세운 데이터의 양, 질과는 무관하게 그 주장의 논리적 전개에 비약이 있으므로 '도출된 결론은 옳다는 것이 보장되지 않음'을 염두에 두어야 한다.

간절함의 결과, P-값 해킹

앞서 유의 확률, 즉 P-값이 유의 수준보다 낮다는 것은 통계적 유의성이 존재한다는 것일 뿐 주장이 진실인지는 말해주지 않는다는 것을 알아보았다. 하지만 통계적으로 유의하게 P-값이 나왔다는 것은 우리의 주장이 맞을 가능성에 대한 강한 증거일 뿐 아니라 또 다른 검증을 시도해 볼 수 있는 최소한의 기준을 통과했다는 것을 의미하기도 한다. 이 말은 반대로 실험의 결과에서 유의미한 P-값을 얻지 못했다면 그 주장을 지속할 동력을 상실하게 된다는 의미이기도 하다.

그런데 P-값을 구해 보았더니 약간 아리송한 결과가 나왔다고 가정해 보자. 분명 조금만 더 살펴보면 무언가 가치 있는 결과가 꼭 나올 것만 같은데 P-값이 유의 수준에 아슬아슬하게 걸린다면 어떤 심정일까? 아마 지금까지의 노력을 쉽게 포기하기가 어려울 것이다. 이런 경우 데이터 중 일부를 빼고 다시 계산함으로써 P-값을 일단 맞추고 보는 것을 'P-값 해킹'이라고 한다.

다음과 같은 데이터를 얻었다고 하자.

x	6	7	8	9	3
y	51	66	83	102	150

두 변수의 상관관계가 존재한다는 주장을 하고 싶은데 막상 그래프로 그려 보니 다음과 같은 모양이 나온다.

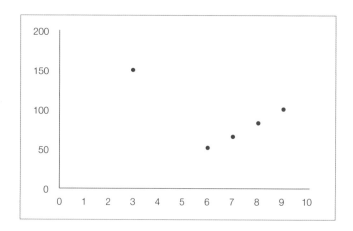

한눈에 봐도 좌 상단의 한 점이 다른 점과는 동떨어져 있다. 다른 데이터와는 영 달라 보인다. 이것을 아웃 라이어, 즉 '이상점'이라고 부른다(위 그래프에서 좌 상단의 한 점).

이렇게 데이터를 보니 아마 저 값을 측정할 때 무언가 계측이 잘못되었거나 아니면 일반적이지 않은 상황이 발생했던 것만 같다. 물론 예상일 뿐이기는 하다. 그리고 내심 저 값이 없으면 무언가 굉장히 설득력 있는 그래프가 그려질 것 같다. 이런 간절한 마음으로 냉철히 생각해 보니 굳이 측정을 왜 다섯 번이나 했던가 싶다. 처음부터 x의 값이 5보다 큰 경우만 고려했다고 치고 네 점만 측정해도 상관이 없다는 생각이 든다. 그래서 그 이상점을 **빼고** 다시금 그래프를 그려 보면 다음과 같다.

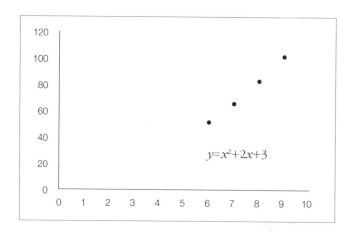

$$y = x^2 + 2x + 3$$

한눈에 보아도 예전 그래프보다 확실히 눈에 잘 들어온다.

그런데 이래도 될까? 이건 억지로 데이터를 만들어 낸 것도 아니고 측정한 데이터 값을 위조한 것도 아니다. 다시 말해 거짓말을 한 것은 아니다. 다만 P-값에 대해 약간의 해킹을 했을 뿐이다. 이렇게 우리의 주장에 기여하지 않는 데이터는 설명에 사용하지 않고 남겨두는 현상을 '파일 서

랍장 문제'라고 한다.*

　위 사례와 같이 이상점에 해당하는 값을 제거하는 방법으로 P-값을 해킹할 수도 있지만 전혀 다른 방법인 끈기와 노력만으로도 원하는 P-값을 만드는 방법이 있다. 다음의 예를 생각해 보자.

　우리는 유의 확률 P-값이 유의 수준(주로 0.05)보다 작게 관찰되었을 때 통계적 유의성을 가진다고 말한다. 그런데 유의 확률 P-값이 0.05보다 작다는 것은 이 사건이 귀무가설이 성립한다면 발생할 가능성이 0.05, 즉 5%보다 작다는 뜻이다. 이 말을 거꾸로 생각해 보면 귀무가설이 성립함에도 불구하고 발생할 확률이 5% 정도는 된다는 의미로도 이해될 수 있고 따라서 우리는 통계적으로 스무 번 정도만 반복해 보면 귀무가설의 성립 유무에 상관없이 원하는 상태를 최소한 한 번 이상 얻을 수 있다는 뜻이기도 하다.

　그렇다. 원하는 P-값을 얻을 때까지 실험을 계속하고 또 계속하다 보면 언젠가 우연의 여신이 찾아와 우리가 원하는 P-값을 선물해 줄 때가 온다. 그때를 놓치지 말자. 우리는 드디어 간난신고의 세월을 무사히 이겨내고 드디어 통계적 유의성이 충분한 데이터를 찾아낸 것이다. 다만 이렇게 만들어낸 P-값에 우리가 어떤 의미를 부여할 수 있을지 몰라도 그 의미가 진정 전체 데이터에서 유래한 것 같지는 않다.

　이러한 P-값 해킹은 쉽사리 밝혀지지 않는다. 데이터 선택 단계에서 이미 선별이 이루어지므로 결과 발표 시 함께 제시된 데이터상으로는 문제가 나타나지 않기 때문이다. 그런데 만약 이러한 P-값 해킹이 널리 퍼진 관행이고 따라서 계산된 P-값이 0.05보다 약간 큰 값이 나올 경우 약

....
* 출판 편향, 〈https://en.wikipedia.org/wiki/Publication_bias〉

간의 조정을 가해 0.05 이하로 만드는 경우가 많다고 가정하자. 그러면 발표된 논문 중에서 언급된 P-값을 x축으로 하고 개수를 y축으로 만들어 그래프로 그려 보면 0.05 근처가 비 정상적으로 부풀어 오른 것을 관측할 수 있지 않을까?

2012년 E.J. Masicampo와 Daniel R. Lalande 두 사람은 공동으로 〈0.05보다 약간 작은 P-값의 특이한 증가〉라는 이름의 논문을 발표한다.[*] 이들은 세 가지의 심리학 학술지에 발표된 P-값을 모아 그 분포를 조사했으며 그 결과는 아래 그림과 같다.

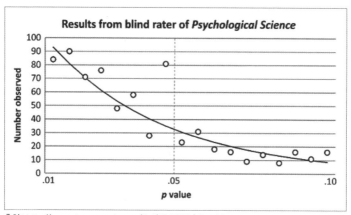

출처 : http://journals.sagepub.com/doi/10.1080/17470218.2012.711335

0.05보다 조금 낮은 수준의 P-값이 발표된 개수가 일반적인 추세와는 뚜렷한 차이가 있음을 알 수 있다. 우리가 임의로 선택한 0.05 선을 기준으로 저렇게 P-값의 발견이 증가하는 것을 보면 P-값 해킹이란 현상이 이미 암암리에 퍼져 있음을 강력하게 시사한다.

....

[*] E.J. Masicampo, Daniel R. Lalande, A peculiar prevalence of p values just below .05, 〈http://journals.sagepub.com/doi/10.1080/17470218.2012.711335〉

요약

우리는 데이터가 가치 중립적이라고 간주하는 경향이 있지만 주장의 근거로 사용되는 데이터는 이미 주장을 뒷받침하는 것으로 선별되어 제공되기 마련이다.

이러한 데이터 선별 행위의 윤리적인 측면에서의 입장은 '단지 사실을 말했을 뿐이다. 하지만 듣는 사람이 오해를 했을지도 모르겠다. 그래도 단연코 거짓말은 아니다'로 정리할 수 있다. 이는 우리의 깐깐한 칸트 선생까지도 추인한, 윤리적으로 문제가 없는 행동이다.

따라서 데이터에 근거한 주장이라 할지라도 데이터에서 의도적으로 제공된 오해에 빠지지 않고 숨겨진 데이터의 속성을 얼마나 적절히 파악할 수 있는지가 주장의 진위를 파악하는 데 중요한 요소가 된다.

정밀함과 정확함은 서로 연관이 없다. 하지만 우리는 소수점 이하 긴 숫자의 행렬을 보면 정확한 값이라는 막연한 기대를 가진다.

귀무가설이 성립한다고 가정할 때 사건이 발생할 확률을 그 사건의 유의 확률, 즉 P-값이라고 한다. 이 P-값을 유의 수준과 비교하여 통계적 유의성을 결정하고 더 나아가 주장의 진위 여부를 결정하는 단일 척도로 사용하는 경우가 많다. 하지만 P-값은 귀무가설 하에서 발생할 가능성에 대해서만 이야기하는 것이다. 더 이상의 의미는 부여하지 말아야 한다.

이러한 P-값에 대한 오용으로 재현되지 않는 실험 결과가 범람하고 있는 현상에 대해 미국통계학회는 공식적으로 성명서를 내어 주의를 환기시킨 바 있다.

P-값 해킹은 원하는 P-값을 얻기 위해서 데이터의 일부를 제거하거나 반복적으로 실험을 반복하는 등의 행위를 가리킨다. P-값 해킹에 대한 직접 증거는 찾기 어렵지만 논문에서 언급되는 P-값의 분포가 유의 수준으로 쓰이는 0.05 바로 아래 영역에 특별히 집중적으로 분포하는 것을 보면 P-값 해킹이 발생하고 있음을 추론할 수 있다.

Chapter 6

숫자로 쌓아 올린 신기루

다른 어떤 이유보다도 사람이 이상한 것을 믿는 이유는 믿기를 원하기 때문이다.
느낌이 좋다. 편안하다. 위로가 된다는 것이다.
- 마이클 셔머, 『왜 사람들은 이상한 것을 믿는가』*

10월 19일

우리는 수학이 진리에 대한 학문이기 때문에 그 결과에 대해서는 반론의
여지가 없다고 확신한다. 다시 말해 '틀릴 수가 없다'고 생각한다. 따라서
누군가 이런 저런 숫자를 들이대며 "이것은 수학적으로 증명되었다"고 하
면 자신이 내용을 이해하지 못한 상태에서도 받아들이는 것을 당연하다
고 생각한다.

이는 굳이 그 원리를 이해하지 못해도 현대 물질 문명을 향유하는 데에
는 아무런 문제가 되지 않기도 하고, 설사 그 이유가 궁금해 출처를 찾아
볼 테면 이상하게 생긴 그리스 문자와 어떻게 읽는지도 모르는 이상한 기
호로 중무장한 수식이 우리의 얼을 쏙 빼놓아 조용히 도로 책을 덮게 만들
기 때문이기도 하다. 이러다 보니 우리는 수학을 일상과는 상관 없는 것으

---

* Credo consolans 크레도 콘솔란스, 내 마음을 달래주기 때문에 믿는다. 마이클 셔머 〈왜 사람들은
  이상한 것을 믿는가〉 p504, 바다 출판사, 2007

로 간주하며 설령 그 근거에 대해 궁금함이 생겨도 어느 훌륭한 누군가가 알아서 적당히 잘 해놓았을 것이란 믿음에 기대 더 이상 의혹을 애써 의식하려 하지 않는다.

그렇다면 수학적인 근거를 가진 주장은 반드시 옳은 것이고 그 주장 대로 우리의 세상이 흘러간다고 생각할 수 있을까?

기상 이변으로 인해 배추의 가격이 몇 배로 뛰는 바람에 배추 김치가 금치가 되었다는 뉴스를 들어본 적이 있을 것이다. 그때 꼭 후렴구처럼 " 이렇게 가격이 높아져도 농사짓는 농민에게는 별다른 추가 이득이 없다고 합니다. 왜냐하면 대부분의 배추는 소위 밭떼기를 통해 이미 연초에 정한 가격에 팔기로 중간 상인과 계약이 된 상황이기 때문입니다"라는 앵커의 멘트가 따라오곤 한다.

농부는 왜 이런 계약을 했을까? 배추를 수확할 때마다 4~5배가 넘는 이익을 기대할 수 있었지만 왜 미리 특정 가격으로 팔겠다는 약속을 함으로써 굴러들어 온 밥상을 걷어차 버렸을까?

다음은 1983년부터 1994년까지 고랭지 배추 10kg 상품의 전국 평균 도매 가격을 나타낸 표이다.*

연도	7월	8월	9월
1983	129	198	176
1984	103	178	305
1985	105	204	210

....

* 농수산물유통정보 KAMIS, 〈 https://www.kamis.or.kr/customer/price/wholesale/period.do?
action=oldMonthly&yyyy=1995&period=14&itemcategorycode=200&itemcode=211&kindc
ode=02&productrankcode=1&convert_kg_yn=N〉

1986	67	147	139
1987	177	274	254
1988	230	298	166
1989	93	169	316
1990	338	663	465
1991	284	483	477
1992	127	345	474
1993	215	301	311
1994	800	800	819

같은 상품의 가격이라고 믿기 힘들 정도로 가격 변동 폭이 큰 것을 볼 수 있다. 연도별로만 변동이 생기는 것이 아니라 같은 해 가격도 한 달 만에 2~3배 차이를 보이기도 한다.

우리가 1995년으로 가서 배추 농사를 짓는다고 하자. 7~9월에 총 1톤의 배추를 수확한다면 10kg 상품 100개를 팔 수 있다. 그렇다면 1995년 우리는 얼마의 수입을 기대할 수 있을까? 1994년은 7, 8, 9월 모두 800원대의 역대 최고의 가격이 안정적으로 유지된 해였다.

그런데 1995년 1월, 중간 상인이 찾아와 계약금으로 1만 원을 미리줄 테니 7~9월 수확 시 10kg당 300원에 자기에게 팔라고 요구한다. 이 거래에 응한다면 10kg 배추 상품 100개를 팔아 4만 원을 얻을 수 있다 (10,000+100×300=40,000). 1995년도 배추 가격이 10kg당 400원이 넘는다면 직접 판매하는 것이 나을 것이고 400원 밑이라면 중간 상인에게 미리 넘기는 것이 더 이익이라는 계산이 선다. 이 거래에 응해야 할까?

여기까지 생각해 보니 중간 상인에게 밭떼기로 넘기는 것이 그렇게 무

조건 나쁜 것은 아니란 생각이 들 것이다. 1993년에는 배추 가격이 400원을 한 번도 넘지 못했고 1992년은 9월에만 400원을 넘겼다. 역대로 가격이 폭락했던 1986년과 1989년 7월 가격은 100원에도 미치지 못했다. 밭떼기로 적정 가격에 입도선매하는 것이 장래의 위험을 회피하는 전략일 수 있다.

이와 같은 접근에서 만들어진 금융 파생 상품이 옵션이다. 살 수 있는 권리를 '콜 옵션', 반대로 팔 권리를 '풋 옵션'이라고 한다. 이제 콜 옵션 상품(1995년 배추 수확 시기에 10kg 상품을 300원에 사는 권리)의 가격이 1만 원이라고 하자. 그러면 이 콜 옵션 상품을 산 중간 상인은 1995년 배추 가격이 10kg당 500원으로 오르면 10kg당 300원의 콜 옵션을 행사하여 1톤의 배추를 사서 1만 원의 이익을 실현할 수 있다($500 \times 100 - 300 \times 100 - 10,000 = 10,000$). 반대로 배추 가격이 10kg당 200원으로 떨어지면 계약금만 포기하고 옵션을 행사하지 않을 것이다.

어쨌든 결국 문제는 1995년도 배추 가격이 어떻게 형성될 것인가에 대하여 예측할 방법을 찾는 것이다. 이 방법을 알기만 하면 저평가된 상품에 대한 콜 옵션을 사고, 고평가된 풋 옵션을 사서 상품 자체의 가격이 오르고 내림에 상관없이 이득 얻기를 기대할 수 있다. 하지만 이러한 옵션의 가치를 실제로 어떻게 평가할 수 있을까?

블랙–숄즈 방정식은 이러한 옵션의 가치를 평가하는 방법에 대한 수학적인 해결책이다.

$$\frac{\partial F}{\partial t} + \frac{1}{2}\sigma^2 S^2 \frac{\partial^2 F}{\partial s^2} + rS\frac{\partial F}{\partial S} = rF$$

F: 파생상품의 가격, S: 기초자산의 가격, r: 무 위험 이자율, t: 시간, σ: 변동성

이 방정식은 현대 금융사에서 뉴턴 방정식이나 아인슈타인 상대성 이론에 비견되는 가장 위대한 발견으로 칭송된다.* 블랙–숄즈 방정식은 옵션을 구성하는 상품의 가격이 무작위로 움직인다고 가정했다. 특히 물리학에서 작은 입자의 움직임을 서술하는 브라운 운동을 한다고 간주했다.

블랙–숄즈 방정식은 옵션의 대상이 옥수수든 석탄이든 철강석이든 관계 없이 필요한 조건만 넣으면 해당 옵션의 현재 가치에 대해 답을 내어 주는 마법과 같았다. 이후 파생 상품의 가치를 블랙–숄즈 방정식을 사용하여 매기기 시작했다. 이제 파생 상품의 적정 가격에 대해 많은 사람이 알게 되자 이러한 옵션을 사고 파는 시장이 활성화되었고, 1971년 시카고 상품 거래소 옆에 최초의 옵션 거래소가 열려 각종 파생 금융 상품이 활발히 거래되기 시작했다.

1987년 미국 증시는 끝을 모르고 상승하고 있었다. 1982년 800대였던 다우존스 지수는 매년 극적으로 상승하다가 1987년 여름 드디어 2,700선에 도달한다. 그러다 10월 19일 갑자기 하루 만에 22%가 넘게 폭락한다. 문제는 블랙–숄즈 방정식으로는 이런 일이 절대 발생할 수 없는 상황이었고 따라서 예측도 대비도 불가능했다는 것이었다. 블랙–숄즈 방정식과 그 변종을 사용하여 투자하던 기관과 개인은 치명적인 손실을 감내해야 했다. 수학은 진리에 대한 학문이 아니었는가? 블랙–숄즈 방정식은 수학적으로 도출되었는데 왜 이런 실패를 겪게 되었나?

그 이유는 블랙–숄즈 방정식이 주가가 랜덤 워크(다시 말해 내일 주식의 가격이 오르거나 내릴 확률은 같다)는 가정 하에서 도출한 결과이기 때

---

* 권용진 〈인공지능 투자가 퀀트〉 p73, 카멜북스, 2017

문이다. 실제 먼지와 같은 미세한 입자는 액체나 기체 안에서 끊임없이 불규칙하게 랜덤 워크로 행동하는데 앞서 언급한 브라운 운동이 바로 그것이다. 그런데 정말 개별 주식의 가격이 서로 간의 간섭이나 전반적인 경향성 없이 임의로 움직인다고 가정해도 될까?

특히 이러한 랜덤 워크 가정 하에서는 주식의 가격이 움직이는 폭은 정규 분포를 따르게 된다. 따라서 특정 수준 이상의 가격 변동이 짧은 시간 내에 발생할 확률은 0이라고 간주된다. 그리고 이 블랙-숄즈 방정식은 일반적인 상황에서는 꽤나 적절한 예측을 내놓았기에 사람들은 점점 이 방정식이 성립하기 위해 가정한 조건이 무엇인지에 대해서는 잊고 결과에 무조건적으로 의지하기 시작했다. 복잡한 수학공식이 지속적으로 이익을 가져다 주고 있는데 어찌 내일도 그러하리라 믿지 않을 수 있겠는가? 그러다가 1987년 10월 19일, 블랙먼데이로 알려진 금융위기가 발생하자 주식 가격이 블랙-숄즈 방정식으로는 성립할 수 없는 수준으로 떨어져 버렸고 그러자 거기에 의존하여 세운 모든 것이 무너져 버렸다.

블랙먼데이 이후 많은 손실을 입은 금융 회사는 블랙-숄즈 방정식의 문제점을 보완하기 위해 많은 노력을 기울였고 그 나름의 여러 대안을 만들어 운용했다. 하지만 그 이후로도 1998년 롱텀 캐피털 매니지먼트의 파산, 2007년 서브 프라임 모기지 사태 등 발생할 수 있는 현실에 대해서 여전히 예측하고 있지 못하다는 증거는 계속 쌓이고 있다.

수학은 가정한 조건 하에서 반드시 그러한 결론을 우리에게 알려준다. 따라서 현실과 다른 가정 아래 도출된 결론이 반드시 현실과 맞으리라 기대하면 안 된다. 그렇지만 현실의 모든 요소를 고려할 수는 없으니 일부 단순화시킨 모델을 사용하여 예측하는 것은 충분히 실질적이고 합리적인 접근이다. 하지만 그 결론을 적용하기 전에 반드시 우리가 현실을 단순화하여 임의로 조정한 요소가 있음을 명심해야 한다. 우리가 수학적인 과정을 거쳐 도출한 결과는 현실에 반드시 실현될 것이라고 간주한다면 언젠가 검은 백조를 만나게 될 것이다.*

자연 치유

시한부 선고를 받은 말기 암 환자가 더 이상의 현대 의학의 치료를 거부하고 외딴 산중에 은거한 후 자연에서 얻은 음식을 먹으며 요양했더니 병원에서 예측한 기간의 몇 배가 지난 지금도 아무런 문제 없이 살고 있다는 이야기는 워낙 여러 종류의 대중 매체를 통해 자주 소개된 바 있어 우리에게 아주 친숙하다.

하지만 사실 자연 속에 요양한다고 해서 암이 치유되는 경우는 드문 예외적인 사례이다. 왜냐하면 이러한 일이 흔히 일어난다면 TV 등에서 매번 호들갑스럽게 이러한 사례를 기적이라고 소개할 이유도 없기 때문이다. 자, 그래도 어쨌든 누군가의 암이 치유된 것은 사실이다. 이러한 소식을 접하면 우리는 그 사람이 먹었던 특정한 버섯이나 발효식품, 아니면 민간요법 혹은 산속 맑은 공기 등의 여러 요소 중에 암을 치료하는 성분이 있었기 때문에 그가 건강을 되찾았다고 생각한다. 그런데 이러한 생각은 얼마나 합리적일까? 우리가 암에 걸렸을 때 암을 이겨냈다고 주장하는 사람의 경험을 따라 하면 그와 같은 효험을 얻을 것이라고 기대할 수 있을까?

----

*앞서 언급한 1995년도 배추 가격 동향은 다음과 같다.

연도	7월	8월	9월
1995	348	703	1,148

7월은 400원 이하로 가격이 형성되었지만 9월에는 1,100원대를 넘어 사상 최대치를 경신하였다. 일종의 보험, 즉 옵션 파생 상품이 농업 생산품을 대상으로 생겨난 것도 이해가 되는 대목이다.

결론부터 말하자면, 부정적이다.

첫째, 앞서 4장에서 언급한 2차 세계대전 시 비행기에 장갑을 추가하는 문제를 떠올려 보자. 정말 비행기에서 보호해야 하는 곳은 어디였던가? 총알 구멍이 많이 난 자리였던가 아니면 피탄 자국이 별로 없던 자리였던가? 우리에게 자신이 맞은 총알 자국을 보여주었던 비행기는 어떤 비행기였던가?

그렇다. 우리에게 자연 속에서 요양했더니 암이 나았다고 말해 주는 사람은 살아남은 사람이다. 같이 요양했지만 안타깝게도 암이 낫지 않은 사람은 우리에게 그 효능을 말해 줄 수가 없다. 따라서 살아남은 사람만을 대상으로 한 조사로는 자연에서 요양하면 암이 낫는다는 주장을 입증할 수 없다.

둘째, 시한부 선고를 받는다고 해서 예정된 그 시점 이후에 아무도 살아남을 수 없다는 것은 아니다. 의사의 진단이 99%의 정확도를 가진다고 해도 나머지 1%의 예외는 발생하기 마련이다. 실례로 오스트레일리아의 암 연구팀은 몇 십 년에 걸쳐 완화 의료 병동을 거쳐 간 말기 암 환자 2,337명을 관찰한 결과를 발표한 바 있다. 그 연구에 따르면 환자는 입소한 후 평균 5개월 뒤에 사망하였지만 그중 1%는 암이 완치되었다는 판단을 내리는 기준 기간인 5년 이상 생존했다.* 이 연구에 비추어 보면 시한부 판정 이후 병원 치료를 중단한 환자라고 할지라도 1% 정도는 5년 이상 생존할 수 있으므로 자연에서 요양하기로 결정한 사람 중 1%는 5년 이상 살아남을 가능성이 있고, 이 소수의 예외를 대중 매체에서 현대 의학으로 설명할 길이 없는 기적의 증거로 포장한다고 봐야 한다.

---

* 벤 골드에이커 〈배드 사이언스〉 p62, 공존, 2011

암을 치료하기 위해 자연에서 요양하고 건강을 되찾았다는 사람은 분명히 존재한다. 허나 이러한 일이 발생했다고 해서 우리가 암에 걸렸을 때 자연에서 요양하면 암이 치유될 것이라고 판단하는 근거로 삼아서는 안 된다. 누구에게 어떠한 일이 발생했다는 일화는 어떤 일이 타당하다고 주장하는 증거로 사용될 수 없다.*

위대한 기업을 만드는 것

짐 콜린스의 세계적인 베스트셀러인 『좋은 기업을 넘어 위대한 기업으로 (원제 Good to great)』는 기업을 성공시키는 요인이 무엇인지 찾았다고 주장함으로써 큰 인기를 끌었다. 그 책의 접근법은 다음과 같다.

- 평범한 기업이었다가 어느 시점 이후 도약하여 15년 이상 지속적으로 시장 평균보다 3배 이상의 누적 주식 수익률을 내고 있는 기업을 찾아 위대한 기업으로 선정한다.
- 동일한 업종에서 위대한 기업이 도약하기 전 비슷한 처지에 있던 기업을 비교 대상 기업으로 지정한다. 이 비교 대상 기업은 같은 기간 위대한 기업과 다르게 정체되거나 오히려 실적이 쇠퇴했다.
- 위대한 기업과 비교 대상 기업을 서로 비교하여 어떠한 요인이 성공으로의 도약을 만들어 냈는지 알아낸다.

이러한 절차를 거쳐 짐 콜린스는 리더의 리더십을 포함한 몇 가지를 기업을 위대하게 만드는 요인으로 찾았다고 주장한다. 그가 도출한 요인이 정말 기업을 위대하게 만드는지 여부에 대해서는 일단 논의에서 제쳐두

---

* 개인적인 자료에 근거를 둔 주장을 일화적 증거라고 한다. 이러한 일화적 증거는 적은 관측 수, 선택 편향, 확증 편향, 부 적확성 등의 문제에서 자유로울 수 없다. 앨런 B. 다우니, 〈Think Stats〉 p3, 한빛미디어, 2013

고 그러한 결과를 이끌어내기 위해 사용한 방법이 합리적인지 살펴보자.

먼저 두 기업을 비교하여 어느 한 쪽만이 특정 요인을 가지고 있었다고 하면 그 요인이 두 기업의 차이를 만드는 데 일조하였다고 판단하는 것이 합당할까?

앞서 4장에서 하버드대학교에 들어가기 위해 필요한 것은 보라색 잠옷이라는 주장을 소개한 적이 있다. 재론 하자면 대학 입학 가능성은 자녀를 충실하게 보육해 줄 수 있는 부모의 존재 여부에 따라 영향을 받는 것이지 잠옷과는 인과관계가 존재하지 않는다. 그럼에도 불구하고 마치 잠옷이 대학 진학과 관계를 가지는 것처럼 보이는 것은 잠옷의 소유 여부 역시 부모의 존재에 따라 영향을 받는 현상이기 때문이다. 다시 말해 대학 입학과 잠옷은 상관관계가 있는 것이고 인과관계는 없다.

우리의 사례로 돌아와 다시 생각해 보자. 그렇지 못한 기업에는 찾을 수 없고 위대한 기업만 가지고 있는 것을 찾았다고 하자. 이제 우리가 찾아낸 요인은 좋은 기업을 위대한 기업으로 만드는 요인이라고 주장할 수 있을까?

아니다. 우리는 상관관계가 있는 요인을 찾았을 뿐이다. 기업을 위대하게 만드는 요인이라고 주장하려면 그 요인과 기업의 성공 사이에 인과관계가 성립한다는 것을 증명해야 한다.

그러면 인과관계는 어떻게 증명할 수 있을까? 그것은 그 요인을 가진 기업을 찾아 그 기업이 성공한 것을 확인하면 된다. 하지만 앞서 보인 것은 우리가 증명을 원한 명제의 역, 즉 다시 말해 성공한 기업이 그 요인을 가진 것을 보인 것에 지나지 않는다. 역이 성립한다고 그 명제가 참이라는 것을 보인 것은 아니다. 상관관계와 인과관계를 혼동해서는 안 된다.

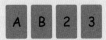
같은 책에서 짐 콜린스는 그동안의 노고를 다음과 같이 자랑스럽게 제시한다.*

프로젝트 전체에 10.5 작업 년(10.5명이 1년 일한 만큼의 기간)이 걸렸다. 우리는 대략 6,000건의 기사를 읽고 체계화하여 입력했으며 2,000쪽이 넘는 인터뷰 녹취록을 작성했고 3억 8,400만 바이트에 달하는 컴퓨터 데이터를 만들었다.

하지만 이미 우리는 5장에서 숫자가 정밀하다고 해서 정확한 것은 아니며 자세한 숫자를 나열하는 것 자체로는 근거의 증거능력을 높여주지 않는다는 것을 알아본 바 있다. 아무리 많은 노력을 내세우더라도 그것은 주

----

* 짐 콜린스 〈좋은 기업을 넘어 위대한 기업으로〉 p 29, 김영사, 2010

장이 정당하다는 근거로 사용될 수는 없으며 고려해서도 안 된다.*

화물 숭배

화물 숭배 의식은 남태평양의 몇몇 섬에서 발생한 일종의 종교다. 2차 세
계대전 남태평양에서 일본군과 맞서던 미군은 여러 섬에 비행장과 보급
기지를 구축하여 전진기지로 삼는다. 이러한 주둔지 근처에서는 자연스럽
게 통조림, 총, 모포 등의 보급품이 섬의 원주민에게도 흘러 들어가게 되
었는데 이들에게는 미군이 사용하는 물건이 말 그대로 하늘에서 떨어진
것으로 보였다.

----

* 사실 이 숫자 자체에 대해서도 논란의 여지가 있다. 짐 콜린스의 같은 책 25페이지에서 프로젝트의
  핵심 참여자는 모두 21명이라고 밝히고 있다. 따라서 10.5 작업 년이라는 건 6개월 동안 그들을 고용
  했다는 의미로 생각할 수 있다. 또한 3억 8천 4백만 바이트는 384메가 바이트다. 사실 텍스트만으로
  만들어내기는 쉽지 않은 크기다. 하지만 컴퓨터 데이터에는 이미지, 소리, 동영상도 포함될 수 있으
  며 그렇게 생각하면 이 숫자에 큰 의미는 부여하기 어렵다.

왜냐하면 어디에서도 그러한 물건을 만들어내는 모습을 볼 수 없었고 다만 하늘에서 거대한 새가 내려와 새로운 물품을 전달하여 주는 것만을 볼 수 있었기 때문이다. 저명한 S.F. 소설가 아서 C. 클라크는 그의 과학 3법칙에서 '충분히 발달한 과학은 마법과 구별할 수 없다'는 선언을 한 적이 있었는데 실제로 현실이 된 것이다.*

마침내 전쟁은 끝나고 미군은 주둔지에서 철수했다. 그러자 원주민은 더 이상 20세기의 물품을 얻을 방법이 사라졌고, 이 문제를 해결하기 위해 그들은 다시금 화물이 오게 만들어야 했다.

이들은 다음과 같이 생각했다.

'우리는 화물이 필요하다. 화물은 거대한 새에 실려서 왔다. 거대한 새를 불러야 한다. 거대한 새는 미군이 만든 비행장에 내린다. 비행장을 만들자. 그리고 비행장과 더불어 미군이 하던 행위(관제탑, 순찰, 제식 훈련)를 하자. 그러면 거대한 새가 우리에게 와서 화물을 내려 줄 것이다.'

이제 그들은 밀림의 한가운데를 밀어 활주로를 만들고 관제탑처럼 생긴 나무 탑을 세우고 나무를 총기 모양으로 깎아 각종 제식 훈련을 흉내 내는 의식을 치른다. 그리고는 이제 미군처럼 행동했으니 화물을 실은 비행기가 오기를 기다린다.

완벽한 이야기다. 너무나 깔끔하게 느껴진다. 단 하나, 이런 방법으로는 보급품을 실은 비행기가 오지 않는다는 것만 제외하고는 정말 그럴싸한 이야기다. 이들의 잘못은 일의 선후관계가 있는 것을 인과관계가 있다

<hr />

* 클라크의 과학 삼법칙 〈https://ko.wikipedia.org/wiki/클라크의_삼법칙〉

고 간주한 점에 있다. 미군이 비행장을 만들고 관제탑에서 신호를 보내 화물을 실은 비행기를 내리게 한 것은 정확한 관찰이었다. 문제는 전쟁 때문에 비행장을 만들고 비행기를 보내서 군수품을 그 섬에 보낸 것이지 비행장이 비행기를 부른 건 아니라는 점에 있다.

화물 숭배 의식을 치르는 남태평양 주민의 착각은 단순히 이들이 문명화되지 않았기 때문일까? 사실 그렇지 않다. 첨단 과학 문명을 누리며 산다고 자부하는 우리 역시 일의 선후관계를 인과관계로 간주하여 노력을 낭비하는 경우를 주위에서 흔하게 찾아볼 수 있다.*

끌어당김의 법칙

제임스 프레이저는 그의 책 『황금가지』에서 주술의 두 가지 원리를 다음과 같이 제시하였다.**

- 유사 법칙 : 유사는 유사를 낳는다. 또는 결과는 원인을 닮는다.
- 접촉 혹은 감염 법칙 : 한 번 접촉한 사물은 물리적 접촉이 끊어진 후에도 계속 서로 작용을 미친다.

앞서 언급한 화물 숭배는 비행장을 만들어 비행기를 부른다는 점에서 유사 법칙으로 설명할 수 있으며 경쟁자의 의복이나 머리카락을 넣은 인형에 바늘을 꼽고 저주하다가 들켜 벌을 받았다는 이야기(접촉 혹은 감염

----

* 화물 숭배 신앙은 리처드 파인만의 캘리포니아 공과대학 졸업 축사에서 인용되어 유명해졌다. 파인만은 과학적 성실성이 없이 형식만을 취함으로써 과학의 형태는 취하나 진실과는 관계없는 유사 과학은 화물 숭배와 같다고 언급했다. Cargo Cult Science 〈 http://calteches.library.caltech.edu/51/2/CargoCult.htm〉
** 제임스 조지 프레이저 〈황금가지〉 p83, 한겨레신문사, 2001

법칙)는 역사 속에서 어렵지 않게 찾아볼 수 있다. 그런데 사람을 달에 보낸 지 반백 년이 흐른 지금도 이러한 주술에 대한 믿음은 형태를 바꾸어 우리 주위에 끈질기게 살아남아 있으며 이러한 믿음을 대놓고 장려하는 서적이 수천만 부나 팔리고 있다.

오스트레일리아의 방송 작가 론다 번이 쓴 『시크릿(원제 The secret)』은 '수 세기 동안 단 1%만이 알았던 부와 성공의 비밀'이라는 부제를 달고 있다. 론다 번이 말하는 부와 성공의 궁극의 비밀은 한마디로 말해 '끌어당김의 법칙'으로, 긍정적인 사고가 긍정적인 결과를 가져오고 부정적인 생각은 좋지 않은 결과를 가져온다는 것이다. 그리하여 부와 성공에 대해 계속 긍정적으로 생각하고 계속 간절히 원한다면 우리에게 부와 성공이 이끌리게 되고 결국 그 기운이 원하는 결과를 '끌어당겨서' 실제로 이루어진다는 것이다. 이런 생각은 그야말로 유사 법칙에 의한 주술 그 자체라 하겠다.

또한 같은 책에서 그녀는 다음과 같이 말하고 있다.[*]

당신은 인간 송신탑이고 지상에 세운 어떤 텔레비전 송신탑보다 강력하다. 아니 우주에서 가장 강력한 송신탑이다. 당신이 보내는 전파는 당신의 인생과 이 세상을 만들어 낸다. 당신이 송신하는 주파수는 도시와 국경과 이 세상 너머까지 전달된다. 온 우주에 퍼진다. 그리고 그 모든 일이 당신의 생각으로 일어난다!

---

[*] 론다 번 〈The secret 시크릿〉 p27, 살림Biz, 2007

앞서 적에게서 나오거나 닿은 적이 있는 물건에 해코지를 하면 적에게 피해를 줄 수 있다는 접촉 주술 이야기를 한 적 있다. 생각해 보면 우리 안의 생각을 우리 밖으로 내보내어 우리 뜻대로 일을 일어나게 한다는 주장과 같은 맥락에서 나온 이야기임을 알 수 있다.

현대 사회에서 누군가에게 주술을 믿느냐고 물으면 대부분 얼굴을 붉히며 자신을 모욕하지 말라고 항의할 것이다. 그런데 아이러니한 것은 주술을 사용하여 자기 계발을 전파하는 책에 대해서는 극찬하면서 자신의 삶을 바꾸는 지표로 삼는다는 사람을 쉽게 찾아볼 수 있다는 점이다.

요약

수학 방정식에 의해 얻어진 결론을 우리의 상황에 적용할 수 있을지의 여부는 그 방정식을 유도하기 위해 가정한 조건이 얼마나 현실을 잘 반영하였는지에 달려 있다. 복잡하고 알기 힘든 기호가 섞인 수식이라고 해서 그럭저럭 옳은 결과를 가져오리라고 생각하면 곤란하다. 특히 평소 우리 상황에 적합한 답을 내놓았다고 해서 그 방정식이 언제나 옳다고 간주해서도 안 된다. 그래도 특별한 사건은 거의 발생하지 않으므로 자주 발생하는 경우만 고려해도 무방하다는 생각이 든다면 자동차의 에어백을 생각해 보자.

대부분의 사람은 일생 동안 자동차를 운행하면서 에어백이 터질 정도의 사고를 겪지 않는다. 따라서 이런 대부분의 경우를 고려한다면 에어백은 차체 무게만 무겁게 만들어 연비를 나쁘게 만든다. 그렇다면 심각한 충돌 사고는 발생하지 않을 것이라 간주하고 자동차에 에어백을 설치하지 않고 판매하면 어떨까? 혹시 에어백을 설치하지 않음으로써 절약되는 비용보다 에어백이 없어서 발생하는 사고로 지불해야 하는 비용이 작다면 시도해 볼 수도 있겠다고 생각하는가? 하지만 그 자동차를 당신이 직접 타고 싶지는 않을 것이다.

생존 편향은 우리가 얻을 수 있는 정보의 출처가 전체 중 일부에 국한될 때 발생한다. 여론조사를 할 때 일과시간 중 집에 설치된 유선번호로 전화를 걸어 설문조사를 진행하면 낮 시간대에 직장으로 출근하는 사람의 의견은 반영할 수 없다.

서로 다른 결과를 낸 두 집단을 비교하여 상이한 요인을 찾아냈다고 하자. 그렇다고 해서 이 요인이 다른 결과를 만들어 낸 원인이라고 간주해서는 안 된다. 다시 말해 일의 선후관계가 있다고 해서 인과관계가 성립하는 것은 아니다. 해가 지면 밤하늘에 별이 뜨기 시작한다. 그렇다고 지는 해가 없던 별을 만들어 낸 것은 아니다. 별은 그 자리에 있었고 다만 낮에는 태양빛에 가려 우리의 눈에 보이지 않을 뿐이다.

남태평양의 원주민은 미군이 비행장을 만들어 비행기를 끌어들였다면 자신들 역시 비행장을 만들면 비행기를 부를 수 있다고 생각한다. 이해하기 어려울 수 있지만 주술적 사고에 의하면 매우 자연스러운 귀결이다.

마법과 구분할 수 없을 정도로 발전된 기술 문명을 이룬 현대에서도 여전히 많은 사람이 긍정적인 사고는 좋은 결과를 낳고, 간절히 원한다면 반드시 이루어진다고 믿는다. 하지만 자신의 믿음이 주술에 의지한다고는 생각하지 않는다. 주술은 우리 주위에 여전히 굳건히 남아 있다.

Part 3

합리적인 선택을 위해
해야 할 일

지금까지 우리는 선택을 하는 데 있어 주의해야 할 여러 문제에 대해 알아보았다. 개인적인 경험이나 개연성에 의지하여 판단하는 것만 위험한 것이 아니라 가치 중립적으로 보이는 데이터에 기반한 선택이라 할지라도 그 데이터가 어떻게 수집되고 해석되었는지에 따라 전혀 다른 엉뚱한 결론이 도출될 수 있다는 것을 여러 사례로 확인할 수 있었다.

선택은 쉬운 일이 아니다. 아무리 많은 데이터를 주의 깊게 분석하고 해석했다고 할지라도 결국 과거에 발생한 사건에 대한 정보일 뿐이고 미래에 어떤 사건이 발생할지는 온전히 예상하기 어렵다. 이러한 이유로 어제의 최선이었던 선택이 오늘은 별 볼일 없는 것으로 간주되는 경우를 어렵지 않게 접할 수 있다.

그렇다. 데이터에 기반한 선택이라고 해서 모든 문제를 해결하여 주는 궁극의 해답은 될 수 없다는 것을 겸허하게 받아들여야 한다. 바로 그렇기 때문에 우리가 아무리 성실하게 데이터를 수집하고 견실한 논리를 통해 도출한 결과라 할지라도 바로 내일 전체를 무너뜨릴 수 있는 증거가 발견될 수 있다는 것을 인정하고 새로운 정보를 반영하여 계속 선택의 기반을 개선해야 한다.

다시 말해 데이터에 기반한 선택은 한 번 해서 끝나는 것이 아니라 새로운 데이터를 지속적으로 추가하여 계속 선택의 과정을 반복하여 개선하는 데 그 의미가 있는 것이다.

이제 합리적인 선택은 어떻게 해야 하는지 살펴보기로 하자.

Chapter 7

선택을 해봅시다

"That easy(참 쉽죠)?"

- 밥 로스, 『그림을 그립시다』

엘리베이터에서 배우자 고르기

일부 정보만 얻을 수 있는 조건 하에서 최적의 선택지를 고르는 방법에 대한 문제로 '엘리베이터에서 배우자 고르기'는 비교적 잘 알려진 선택의 문제 중 하나이다. 그 내용을 이야기하자면 다음과 같다.

당신은 10층 건물의 옥상에서 엘리베이터를 타고 내려갑니다. 이 엘리베이터는 각 층마다 한 번씩 열리고 닫히며 그동안 당신은 그 층에 서 있는 배우자 후보자를 볼 수 있습니다. 이제 배우자 후보자가 마음에 들면 엘리베이터에서 내리면 됩니다. 단, 한 번 내린 엘리베이터에 다시 탈 수는 없습니다. 당신은 어떤 방법으로 최고의 배우자를 선택할 수 있을까요?

이 문제를 해결하기 위해 먼저 모든 배우자 후보자는 서로 비교할 수 있는 일종의 점수가 있으며 엘리베이터 문이 열렸다 닫히는 동안 명확하게 그 점수를 알 수 있다는 가정이 필요하다.

얼핏 생각해 보면 그다지 어려운 문제가 아니라고 생각할 수도 있다. 엘리베이터를 타고 내려가면서 대충 90점이나 그 이상이라고 판단되는 후보자를 그냥 선택하기만 해도 최고에 가까운 후보자를 선택할 수 있을 것 같다. 하지만 아니다. 아래의 예를 보자.

	첫 번째
후보자의 점수	90

오, 처음부터 90점이다. 멈출까? 아직 아홉 명이나 후보자가 남아 있으니 조금 더 확인해 보기로 한다.

	첫 번째	두 번째
후보자의 점수	90	93

앗, 더 좋은 후보자가 나왔다. 역시 한 번 더 내려간 것이 좋은 선택이었다. 하지만 여기서 더 가야 할까? 지금까지 계속 점수가 상승하고 있으니 다음도 올라간다고 판단해야 할까? 예를 들어 아래의 표처럼 나온다면 매우 높은 점수인 99점을 가진 다섯 번째 후보자를 선택할 수 있을지도 모른다. 하지만 어떻게 다섯 번째 후보자가 정말 최고 점수인 것을 알 수 있을까? 행여 아직 만나보지 않은 일곱, 여덟 번째 후보자 중에 100점인 후보자가 존재할 가능성은 없을까?

	첫 번째	두 번째	세 번째	네 번째	다섯 번째	여섯 번째
후보자의 점수	90	93	95	97	99	94

또한 앞으로 나올 후보자의 점수가 아래와 같이 내려갈 일만 있다면 두 번째 93점이나 첫 번째 90점 후보자를 그냥 지나친 것이 천추의 한이 될 것이다. 그렇다면 더 좋지 않은 결과가 나오기 전에 비록 50점이지만 여섯 번째 후보자라도 택해야 할까? 아니면 남은 네 번의 기회에서 최소한 50점보다는 나은 후보자가 나올 것이라는 믿음을 가지고 밀고 나가야 할까? 혹시나 그러다 50점보다 낮은 후보자만 계속 나오면 더 큰일이다. 이 일을 어떻게 해야 할까?

	첫 번째	두 번째	세 번째	네 번째	다섯 번째	여섯 번째
후보자의 점수	90	93	80	70	60	50

그렇다. 여기서 우리는 앞으로 올 미래를 예측해야 한다.

우리가 선택의 근거로 삼을 수 있는 것은 과거에 어떠했다는 데이터밖엔 없다. 그런데 일단 엘리베이터를 타고 내려오기 전에는 배우자 후보자에 대한 데이터 자체가 존재하지 않는다. 물론 1층까지 모두 내려온 후에는 전체 후보자의 점수 분포와 최대값을 가진 후보자가 누구인지 확인할 수 있을 것이다. 하지만 청춘이 지나가 보아야 그 소중함을 알고, 지나가버린 시간을 되돌릴 방법이 없기에 남겨진 기억이 애틋하듯 전체 데이터에 대한 정보를 완전히 확인하는 순간 배우자를 선택할 기회도 모두 사라진다는 것이 이 문제가 내포하고 있는 아이러니라 하겠다.

결국 앞선 몇 층의 배우자 후보자에 대해서는 의도적으로 선택하지 않고 지나쳐 보냄으로써 전체 점수 분포에 대한 일부의 정보를 얻은 후, 그 정보를 기반으로 남은 층 배우자 후보자 중에서 선택하는 전략이 필요하게 된다. 이러한 전략은 다음과 같이 일반화하여 말할 수 있다.

전체가 n인 후보자군 중에서 처음 만나는 k 후보자는 선택하지 않고 점수만을 확인한다. 이제 남은 $n-k$의 후보자군 중에서 앞서 k 후보자군 중의 최대 점수보다 높은 점수를 가진 후보자를 만나면 선택한다.

그러면 이제, 정보를 얻기 위해 어쩔 수 없이 선택하지 못하는 후보자군의 크기인 k를 무엇으로 정해야 전체적으로 최적일지를 결정하는 문제가 된다.

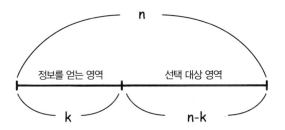

이때 k로 큰 값을 사용할수록 최고의 후보자가 가진 점수에 대해 알아낼 가능성은 높아지지만 그 정보를 기반으로 고를 대상인 $n-k$가 작아지므로 정작 최고의 후보자를 고를 가능성이 낮아진다. 그렇다고 k로 지나치게 작은 값을 사용하면 최고 점수에 대한 추정치가 불확실해져서 최고의 후보자보다 못한 후보자를 최고의 후보자라고 잘못 선택할 확률이 높아진다.

우리가 이 전략을 사용할 때 최고의 후보자를 선택하는 경우의 수를 계산해보자. 먼저 정보를 얻기 위해 그냥 지나쳐 보내는 k명은 다음 그림에서 A 영역으로 나타냈다. 그리고 t를 우리가 찾고자 하는 최고점을 가진 후보자라고 하자. 이때 후보자 t를 선택할 수 있으려면 t 후보자가 A 영역 바깥에 존재해야 하고, A 영역 다음 t 후보자 직전까지의 부분인 B 영역에 존재하는 후보자의 점수는 A 영역 최고 점수보다 작아야 한다.

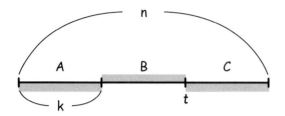

이렇게 되는 경우의 수를 따져 보자.

먼저 A와 B 영역을 합친 영역에 들어갈 후보자를 선정해 보자. 여기에는 전체 중 최고의 후보자인 t만 아니면 아무나 들어갈 수 있다. 따라서 전체 n명에서 t를 제외한 모든 후보, 즉 $n-1$명의 후보자 중에서 $t-1$명을 순서에 상관없이 뽑는 경우의 수인 $\binom{n-1}{t-1}$이다.

이제 A와 B 영역에 들어갈 후보자를 배열하는 방법을 생각해 보자. 앞서 말한 대로 A 영역의 최대값이 B 영역의 최대값보다 커야 하므로 앞서 뽑은 A와 B 영역 후보자 $t-1$명 중 점수가 가장 높은 한 명은 A 영역에 존재해야 한다. A 영역의 자리 개수는 k개이므로 존재할 수 있는 경우의 수는 k가 된다.

이제 A 영역과 B 영역에 배치할 나머지 $t-2$명 후보자를 배열할 방법은 $(t-2)!$이 된다.

C 영역은 남은 $n-t$명의 후보자를 배열하면 되므로 $(n-t)!$이다

지금까지의 이야기를 종합하면 k명을 지나치고 지나친 k명의 최대값보다 큰 후보자를 만나면 선택할 때 그 후보자가 전체에서 가장 높은 점수를 가진 후보자가 될 경우의 수는 $\binom{n-1}{t-1} \times k \times (t-2)! \times (n-t)!$이다. 그리고 전체 후보자인 n명을 배열하는 방법은 $n!$이므로 우리가 구하고 싶은 확률은

$$\frac{\binom{n-1}{t-1} \times k \times (t-2)! \times (n-t)!}{n!}$$ 가 된다.

이 식은 일견 복잡해 보이지만 $\binom{n-1}{t-1} = \dfrac{(n-1)!}{(t-1)! \times (n-t)!}$ 을 사용하여 아래와 같이 정리할 수 있다.

$$\frac{\binom{n-1}{t-1} \times k \times (t-2)! \times (n-t)!}{n!} = \frac{(n-1)!}{(t-1)! \times (n-t)!} \times \frac{k \times (t-2)! \times (n-t)!}{n!} = \frac{1}{n} \times \frac{1}{t-1} \times k = \frac{k}{n} \times \frac{1}{t-1}$$

그런데 t는 A 영역 안에 있어서는 안 되고 B나 C 영역에 존재해야 하므로 $k+1$부터 n까지 값을 가질 수 있다. 따라서 t의 위치에 따른 개별 확률을 모두 더한 전체 확률은

$$\sum_{t=k+1}^{n} \frac{k}{n} \times \frac{1}{t-1} = \frac{k}{n} \sum_{t=k+1}^{n} \frac{1}{t-1} \text{가 되며}$$

그런데 이 값은

$$\frac{k}{n} \times \left(\frac{1}{k} + \frac{1}{k+1} + \cdots + \frac{1}{n-1} \right) \text{이므로}$$

$$\frac{k}{n} \sum_{i=k}^{n-1} \frac{1}{i} \text{로 바꾸어 쓸 수 있다.}^{*}$$

10층 건물이라고 했으므로 n은 10이다. 이제 지나칠 후보자의 수인 k 값을 바꾸어 가며 계산해 보면 다음과 같다.[**]

....

* 조화 급수는 다음과 같이 정의된다.

$$H_n = \sum_{r=1}^{n} \frac{1}{r} = 1 + \frac{1}{2} + \frac{1}{3} + \cdots + \frac{1}{n}$$

이러한 조화 급수는 이 엘리베이터 문제에서만 아니라 다양한 곳에서 그 모습을 찾아볼 수 있다. 컴퓨터 과학에서 다루는 퀵소트 정렬 알고리즘의 속도에서부터 가챠 시스템, 즉 전체 세트를 다 갖추기 위해 몇 번의 무작위 뽑기를 반복해야 하는가 등에서 이 조화 급수를 찾아볼 수 있다. 조화 급수는 로그, 소수 정리, 리만 가설까지 이어지는데 이러한 주제에 대해 관심 있는 독자들은 줄리언 해빌이 쓴 〈오일러상수 감마〉, 승산, 2008, 이 책에서 흥미로운 이야기를 찾을 수 있을 것이다.

** 역수의 합을 반복해서 더하는 작업은 나른한 휴일 오후를 보내는 방법 중에 그다지 유쾌한 선택이라고 하긴 어렵다. http://endofhope.com/book-ac/evelator.pl에 Perl 프로그래밍 언어로 작성된 위 결과를 계산하는 코드가 첨부되어 있다. 직접 계산기를 들고 숫자를 넣어 보기 전에 한 번 확인해 보기를 권한다.

k	계산식	값 (근사값)
1	$\dfrac{1}{10}\displaystyle\sum_{i=1}^{9}\dfrac{1}{i}=\dfrac{1}{10}\times\left(\dfrac{1}{1}+\dfrac{1}{2}+\cdots+\dfrac{1}{9}\right)$	0.282897
2	$\dfrac{2}{10}\displaystyle\sum_{i=2}^{9}\dfrac{1}{i}=\dfrac{2}{10}\times\left(\dfrac{1}{2}+\dfrac{1}{3}+\cdots+\dfrac{1}{9}\right)$	0.365794
3	$\dfrac{3}{10}\displaystyle\sum_{i=3}^{9}\dfrac{1}{i}=\dfrac{3}{10}\times\left(\dfrac{1}{3}+\dfrac{1}{4}+\cdots+\dfrac{1}{9}\right)$	**0.398690**
4	$\dfrac{4}{10}\displaystyle\sum_{i=4}^{9}\dfrac{1}{i}=\dfrac{4}{10}\times\left(\dfrac{1}{4}+\dfrac{1}{5}+\cdots+\dfrac{1}{9}\right)$	0.398254
5	$\dfrac{5}{10}\displaystyle\sum_{i=5}^{9}\dfrac{1}{i}=\dfrac{5}{10}\times\left(\dfrac{1}{5}+\dfrac{1}{6}+\cdots+\dfrac{1}{9}\right)$	0.372817
6	$\dfrac{6}{10}\displaystyle\sum_{i=6}^{9}\dfrac{1}{i}=\dfrac{6}{10}\times\left(\dfrac{1}{6}+\dfrac{1}{7}+\cdots+\dfrac{1}{9}\right)$	0.327381
7	$\dfrac{7}{10}\displaystyle\sum_{i=7}^{9}\dfrac{1}{i}=\dfrac{7}{10}\times\left(\dfrac{1}{7}+\dfrac{1}{8}+\dfrac{1}{9}\right)$	0.265278
8	$\dfrac{8}{10}\displaystyle\sum_{i=8}^{9}\dfrac{1}{i}=\dfrac{8}{10}\times\left(\dfrac{1}{8}+\dfrac{1}{9}\right)$	0.188889
9	$\dfrac{9}{10}\displaystyle\sum_{i=9}^{9}\dfrac{1}{i}=\dfrac{9}{10}\times\left(\dfrac{1}{9}\right)$	0.100000

k의 값이 3인 경우 최고의 배우자를 선택할 확률이 0.398690으로 가장 높은 것을 알 수 있다. 따라서 세 개 층의 후보자를 그냥 보내고 다음에 만나는 후보자 중 이전보다 더 높은 점수의 후보자를 고르면 전체에서 최고점의 후보자를 선택하는 확률이 가장 높다고 할 수 있다.

상당히 만족스러운 결론이다. 결과를 알고 다시 생각해 보니 가지고 있는 자원의 30% 정도를 더 나은 결과를 위해 투자하고 나머지에서 성공을 도모한다는 것이 직관적으로도 굉장히 그럴싸하다는 생각이 든다. 몇몇 복잡한 수식과 계산이 섞이긴 했으나 오히려 그러한 점이 내심 결론을 더 믿음직스럽게 한다.

자, 그러면 방금 우리는 인생의 $\dfrac{1}{3}$을 건너뛴 이후 기존보다 더 높은 점수의 후보자를 선택하는 것이 최고의 배우자를 만날 수 있는 최선의 방법임을 증명했다. 아닌가?

아니다. 우리가 증명한 것은 실제와는 사뭇 다른 극단적으로 단순화시킨 몇몇 조건 하에서 성립하는 특정한 결과에 지나지 않는다. 엘리베이터 배우자 문제의 결론인 후보자 중의 $\frac{1}{3}$은 지나치고 남은 나머지 $\frac{2}{3}$를 대상으로 그때까지의 최고 점수 후보자를 찾아 선택하는 전략이 실생활에서 배우자를 선택하는 데 적용되기 힘든 이유는 다음과 같다.

첫째, 배우자 관계란 것은 한 쪽의 일방적인 선택으로 완성되는 것이 아니다. 당신이 최고의 배우자 후보자를 선택했다고 하더라도 이제 그 최고의 후보자 역시 당신을 마음에 들어 해야만 실제 배우자 관계가 성립할 수 있다.* 엘리베이터 배우자 문제를 다시 한번 읽어보자. 최고점을 가진 배우자 후보자를 찾는 최적의 방법에 대해 이야기하고 있지, 최선의 배우자 관계가 될 가능성에 대한 것이 아니란 것을 확인할 수 있을 것이다.

둘째, 엘리베이터 배우자 문제는 모든 배우자 후보자가 서로 비교 가능한 점수 체계를 가진다는 것을 가정한다. 하지만 사람의 가치를 단일 척도로 잴 수 있다고 간주하는 것이 얼마나 현실적일지는 의구심이 든다.

셋째, 고려하지 못한 시간의 문제가 있다. 인생의 황혼기인 60대가 될 때까지 기다려 기어코 100점짜리 후보자를 만나 남은 여생이라도 같이 보낼 것인지, 20대에 80점인 후보자를 선택하는 것이 나은지 결정해야 한다면 아마도 대부분의 사람은 너무 늦지 않게 배우자를 선택하여 안정적인 관계를 지속하는 것이 바람직하다고 생각할 것이다. 하지만 엘리베이터 배우자 문제의 전략은 최고점인 배우자를 선택하는 것만이 목표이므로 조금 낮은 점수를 가진 배우자 후보자라 할지라도 더 일찍 선택하는 것이

---

* 어떻게 보면 이건 최고의 배우자 후보를 고르는 것보다 더 어려운 문제가 된다. 왜냐하면 상대 역시 최고의 배우자를 원할 것이 분명하기 때문이다.

낮다는 우리의 일반적인 선호를 고려하지 않는다. 따라서 이 전략은 완전하다고 할 수 없다.

마지막으로 인생의 $\frac{1}{3}$을 그냥 지나쳐 버리는 것은 엘리베이터 배우자 문제의 전략이 제안하는 바도 아니라는 것에 주의하자. 엘리베이터 배우자 문제의 전략이 의미하는 바는 전체 대상자의 $\frac{1}{3}$을 기준 데이터로 삼아 나머지 $\frac{2}{3}$의 후보자 중에서 최고점을 가진 배우자 후보자를 선택하라는 것이다. 이것을 인생의 첫 $\frac{1}{3}$을 선택하지 않고 지나쳐 보내라는 의미로 간주해서는 안 된다. 이것은 마치 사람이 90년을 산다고 하고 일생 동안 90명의 배우자 후보자를 만난다고 할 때 매년 한 명씩만 후보자를 만난다고 가정하는 것과 같다. 그러나 우리는 결혼 적령기로 간주되는 시점을 전후해서 대부분의 배우자 후보와 집중적으로 만날 기회를 가질 것이고 나머지 기간에는 그보다 훨씬 적은 후보자를 만난다고 가정하는 것이 합리적일 것이다.

정리하자면, 우리가 아무리 수학적으로 명확하게 확인된 해결책을 얻었다고 하더라도 그것을 실제 상황에 적용하기 전에 그것이 어떤 조건 하에서, 그리고 무엇을 가정한 상태에서 도출되었는지 다시 한번 숙고하는 과정이 반드시 필요하다. 실제 상황과 유리된 가정 하에서 연역된 규칙으로는 그 결과가 반드시 성립한다고 말할 수 없다. 우리가 앞선 장에서 살펴본 대부분의 잘못된 데이터 해석은 이와 같이 현실을 반영하지 못한 가정에서 비롯되었다. 그리고 이것은 그러한 과정을 통해 바로 잡을 수 있다.

뷔퐁의 바늘

앞서 살펴본 바와 같이 현실에서 겪는 문제는 워낙 다양한 요인에 의해 영향을 받을 수 있으므로 쉽사리 수학적으로 표현 가능한 경우를 찾기가 쉽지 않다. 그럼에도 불구하고 실생활에서 수학적인 방법을 통해 전체를 설명할 수 있는 드문 경우 중 하나는 바로 도박, 즉 내기에서 찾아볼 수 있다.

원래 확률에 대한 연구 자체가 도박사가 자신의 수학자 친구인 블레즈 파스칼에게 도박을 중단했을 때 판돈을 분배하는 공정한 방법에 대해 질문함으로써 시작된 것처럼 도박은 수학적인 접근으로 해석이 가능한 경우가 많다.

도박의 중간 정산

여러 번 게임을 반복하다가 특정 횟수를 먼저 이긴 쪽이 판돈을 전부 가져가는 도박이 있다고 하자. 그런데 몇 번의 게임이 진행되다가 어떤 이유로 도박이 중단되었다면 그때까지 내기에 걸린 돈은 어떻게 배분해야 하는가? 예를 들어 열 번 먼저 게임에서 이기면 승리하는 도박에서 A가 여덟 번 이기고 B가 네 번 이겼다면 A와 B에게 얼마씩 나누어 주는 것이 공정한가?

얼핏 드는 생각은 A는 B보다 2배 더 많이 이겼으니 내기에 걸린 상금 역시 2:1로 분배하는 것이 공정할 것 같다. 그런데 다른 한편으로 A는 두 번만 더 이기면 승리하는 데 반해 B는 여섯 번 더 이겨야 승리할 수 있다. 앞으로 승리하기까지 남은 횟수를 보면 3:1로 분배하는 것도 일리가 있어 보인다. 당신 생각은 어떠한가?

힌트는 A가 승리하기 위해 필요한 경우와 그 경우가 발생할 확률을 구해 보는 것이다. 이를 위해 A가 이기는 경우를 A, B가 이긴 경우를 B라고 표시하면 A가 승리할 수 있는 경우는 아래와 같다.

AA
ABA, BAA
ABBA, BABA, BBAA
ABBBA, BABBA, BBABA, BBBAA
ABBBBA, BABBBA, BBABBA, BBBABA, BBBBAA
ABBBBBA, BABBBBA, BBABBBA, BBBABBA, BBBBABA, BBBBBAA

그런데 이 도박이 공정하다면 게임마다 A가 이길 확률과 B가 이길 확률은 모두 $\frac{1}{2}$이 되어야 한다. 따라서 도박이 계속되었을 경우 결국 A가 최종 승리할 확률은 $\left(\frac{1}{2}\right)^2 + 2\left(\frac{1}{2}\right)^3 + 3\left(\frac{1}{2}\right)^4 + 4\left(\frac{1}{2}\right)^5 + 5\left(\frac{1}{2}\right)^6 + 6\left(\frac{1}{2}\right)^7$이 되어 0.9375가 된다. 따라서 판돈이 100만 원이었다면 B가 주장할 수 있는 몫은 고작 6만 원 남짓에 지나지 않는다는 결론을 얻게 된다.

왜냐하면 도박은 도박사가 그 결과를 순순히 받아들이게 만드는 것이 매우 중요한 문제이기 때문에 무엇보다 어떤 경우에 승리하게 되는지 그 조건이 명확하게 정의되어야 한다. 또한 우연에 의해서만 승패가 갈려야 기꺼이 도박에 참여할 것이기 때문에 미리 정의되어 있지 않은 외부 조건에 의한 효과는 인정되지 않는다. 이렇게 기반 조건이 모두 명확히 선언된 후 진행되는 도박은 수학에 의해 적절히 설명될 수 있는 흔치 않은 실생활 사례 중 하나라고 하겠다. 이제 유명한 도박의 문제 중 하나를 살펴보고 이 도박에서 이길 방법이 있을지 살펴보자.

계몽주의 시대 『박물지』의 저자로 널리 알려진 뷔퐁 백작은 내기에도 일가견이 있었는지 다음과 같은 문제를 남겼다.[*]

일정한 너비마다 무한히 긴 서로 평행한 직선이 있다고 가정한다(감옥의 창살을 생각하자). 이때 너비와 같은 길이의 바늘을 떨어뜨릴 때 직선에 닿는 것과 닿지 않는 것 어느 쪽에 돈을 걸어야 할까?

그림으로 그려 보면 다음과 같다. 아래와 같이 일정한 거리마다 평행한 직선이 배열되어 있다고 하자.

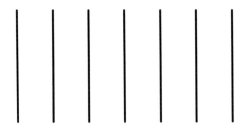

* 조르주루이 르클레르 드 뷔퐁 백작, ⟨https://ko.wikipedia.org/wiki/조르주루이_르클레르_드_뷔퐁_백작⟩

이제 평행한 직선 사이의 너비와 길이가 같은 바늘을 떨어뜨린다. 바늘은 여러 위치에서 발견될 수 있을 것이다.

왼쪽 바늘은 두 점과 만난다. 중간 바늘은 한 점에서 만나며 오른쪽 바늘은 직선과 만나지 않는다. 자, 그렇다면 우리는 바늘을 던졌을 때 직선에 닿는 것에 돈을 걸어야 할까? 아니면 닿지 않는 것에 걸어야 할까? 세 가지 서로 다른 접근으로 이 문제에 대한 해답을 찾아보기로 하자.

바늘 문제에 대한 접근 1 – 정석적 접근

바늘과 직선이 만나는 경우를 관찰해 보면 바늘의 두 가지 요소가 직선과 만날지의 여부를 결정한다는 것을 알 수 있다. 하나는 바늘의 중심과 직선과의 거리이고 나머지 하나는 바늘이 수평선과 이루는 각도이다. 먼저 아래 그림을 보자.

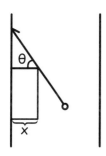

앞의 그림에서 바늘은 아슬아슬하게 한 점에서 만난다. 여기서 바늘의 중심과 직선 간의 거리인 x가 조금이라도 더 커지거나 바늘이 수평선과 이루는 각인 θ가 조금만 더 커져도 바늘은 직선과 만나지 않게 되는 것을 알 수 있다. 계산을 쉽게 하기 위해 바늘의 길이와 직선 간의 너비는 모두 1이라고 가정하자.

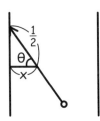

그러면 위 그림에서 보듯 바늘과 직선이 만나는 경우 θ와 x 사이에는 $\frac{1}{2}$ $\cos θ \geq x$가 성립하게 되며 따라서 $θ \leq \arccos 2x$로 표현할 수 있다.

이제 x가 가질 수 있는 값의 범위를 생각해 보자. x의 값은 바늘의 중심이 왼쪽 직선과 얼마나 떨어져 있는지를 나타내는 거리이다. 그러므로 0부터 1까지의 값을 가질 수 있다. 하지만 실은 0에서 $\frac{1}{2}$까지만 고려해도 무방하다. 왜냐하면 x가 $\frac{1}{2}$이 넘는 경우는 오른쪽 직선과의 거리가 $\frac{1}{2}$보다 작게 되고 또한 이것은 $x = \frac{1}{2}$ 직선을 기준으로 좌우 대칭이 되기 때문에 확률을 구할 때 0부터 $\frac{1}{2}$까지만 고려한 후 그 값의 두 배를 취하면 된다.

다음으로 θ가 가질 수 있는 값을 생각해 보자. 원칙적으로 바늘이 수평선과 이루는 각도인 θ는 −π부터 π까지 값을 가질 수 있지만 실은 θ부터 $\frac{π}{2}$까지만 고려해도 문제없다. 왜냐하면 바늘이 수평선과 이루는 각이 −θ라는 의미는 θ인 것과 직선과 만나는지 여부를 결정하는 데 있어서는 동일한 의미이므로 양수 쪽 절반인 0부터 π만 계산해도 상관없다. 그런데 $\frac{π}{2}$가 넘는 θ값의 경우 $-(\pi-\theta)$와 같은 의미가 되므로 결과적으로 0부터 $\frac{\pi}{2}$까지만 고려해도 일반성을 해치지 않는다.

정리하자면 0부터 1사이에 존재하는 x와 0에서 $\frac{\pi}{2}$의 값을 가질 수 있는 θ가 있을 때 바늘이 직선과 만나는 조건인 $\theta \le \arccos 2x$ 를 만족하는 면적의 비율을 구하면 그것이 바늘이 직선과 만나는 확률을 의미하게 된다.

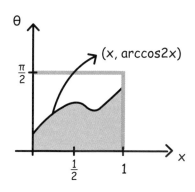

결과적으로 바늘이 직선과 만나는 확률은 아래와 같이 나타낼 수 있다.

$$\frac{\text{θ가 arccos}2x\text{보다 작은 영역}}{x\text{와 θ가 존재할 수 있는 전체 영역}}$$

$$= \frac{2\displaystyle\int_{0}^{\frac{1}{2}} \arccos 2x \; dx}{1 \times \dfrac{\pi}{2}}$$

$$= \frac{2}{\pi} \times 2\int_{0}^{\frac{1}{2}} \arccos 2x \; dx$$

가 되고 여기서 $2x=t$로 치환하면 $2dx=dt$가 되어

$$\frac{1}{2} \times \frac{4}{\pi} \int_{0}^{1} \arccos t \; dt$$

$$= \frac{2}{\pi}\left[t \times \arccos t - \sqrt{1-t^2} \right]_{0}^{1}$$

$$= \frac{2}{\pi} \times \left[\left\{ 1 \times 0 - \sqrt{1-1} \right\} - \left\{ 0 \times 1 - 1 \right\} \right]$$
$$= \frac{2}{\pi}$$

따라서 바늘이 직선에 닿을 확률은 $\frac{2}{\pi}$, 즉 약 64%(0.6366…) 정도가 된다. 그렇다 이 내기는 가능한 여러 번 반복해서 시도한다면 돈을 딸 충분한 가능성이 있다.

바늘 문제에 대한 접근 2 – 또 다른 접근

앞서 소개한 방법은 바닥에 떨어진 바늘이 직선과 교점을 가지기 위해서 가져야 하는 조건을 따진 다음 그 확률을 구하는 접근 방식이다. 이제 조금 관점을 바꾸어 바늘의 길이가 변할 때 직선과 만나는 접점의 수가 어떻게 변할지에 대해 생각해 보자.

바늘의 길이가 1이고 직선과 직선 사이 너비가 1인 경우 이 바늘과 직선이 만나는 접점의 수에 대한 기대값을 α라고 하자. 이때 바늘을 하나 더 덧붙여 길이를 두 배로 만들어 던지면 직선과 만나는 접점의 수가 어떻게 될지 생각해 보자.

물론 아래 A)와 같이 직선의 길이가 두 배가 될 수도 있을 것이고 C)와 같이 완전히 접히는 경우도 있을 것이다.

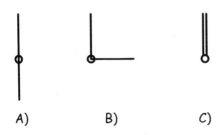

A)   B)   C)

위와 같이 두 배의 길이를 가진 여러 모양의 바늘을 던져 보면 아래와 같을 것이다.

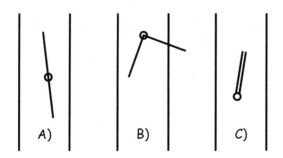

먼저 C)의 경우는 비교적 쉽게 생각할 수 있다. 왜냐하면 C)가 직선에 닿을 확률은 길이가 절반인 원래 바늘이 가진 확률과 같다. 그런데 한 번 닿기만 하면 접점이 두 배가 생기므로 한 번 던질 때 기대할 수 있는 접점의 수는 원래 것의 두 배, 즉 2α가 된다.

그렇다면 A)나 B) 역시 2α가 될 것인가? 사실 그렇다. 왜냐하면 아래 그림을 보자.

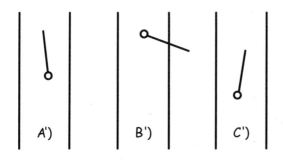

우리가 두 배 길이의 바늘을 던진 후 그 결과를 보지 않았다고 하자. 그런데 누가 바늘의 처음 절반을 떼어낸 후 우리에게 결과를 보여 준다면 우리는 위 A'), B'), C')와 같은 모습을 보게 될 것이다. 그런데 이 경우 남은

바늘이 직선과 만나는 접점의 수에 대한 기대값은(다시 길이가 1인 바늘의 경우이므로) α가 된다. 그러므로 두 배로 연장된 바늘과 직선의 접점의 수에 대한 전체 기대값은 원래 길이가 1인 상태의 기대값 α와 연장된 부분의 기대값 α를 더한 값인 2α임을 알 수 있다.

이 이야기는 바늘을 어떤 각도로 붙였든지 간에 결국 직선과 만나는 접점의 수에 대한 기대값은 바늘의 길이에 비례한다는 점을 보여주고 있다. 그런데 실은 직선뿐 아니라 곡선인 경우에도 동일한 논리를 적용할 수 있으며 결국 바늘과 직선이 만나 생기는 접점의 수에 대한 기대값은 바늘의 모양과는 상관이 없으며 오로지 길이에만 비례한다는 것을 보일 수 있다.* 이제 더 이상 우리가 던지는 것을 곧은 모양이라고 가정할 필요가 없으므로 바늘이라고 부르는 것보다 앞으로 쉽게 굽힐 수 있는 철사 조각이라고 부르자.

이제 우리는 길이가 1인 철사를 던지면 직선과 만나는 접점 수의 기대값이 α가 될 것이란 것을 알았다. 따라서 길이가 δ인 철사의 경우 직선과 $\delta \times \alpha$개의 교점을 가지게 될 것으로 기대한다. 하지만 아직 우리는 α의 값을 알지 못한다. 이를 알아내기 위해서는 발상의 전환이 조금 더 필요한데 그것은 어떤 경우에도 일정한 수의 접점을 가지는 도형을 찾아내는 것이다. 다음을 보자.

----

*이번 절에서 제시된 방법은 조제프 에밀 바르비에의 증명으로 알려졌다. 셔먼 스타인, 〈나머지 반은 어떻게 생각할까?〉, p27, 경문사, 2003, 이 책에서 조금 더 자세한 내용을 찾아볼 수 있다.

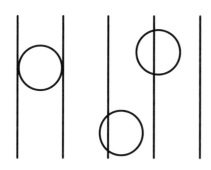

길이가 π인 철사를 구부려 원을 만들면 그 지름은 1이 된다. 따라서 너비가 1인 직선 사이에 정확히 들어가게 할 수 있다. 그런데 생각해 보면 이 원은 어떤 경우에도 직선과 두 개의 접점을 가지게 된다. 따라서 이 원은 접점 수의 기대값이 정확히 2가 된다. 또한 우리는 철사의 길이가 δ일 때 접점 수의 기대값이 δ×α가 되는 것을 밝혔다. 따라서 길이가 π인 철사의 접점 수의 기대값은 π×α=2가 된다. 따라서 α=$\frac{2}{\pi}$가 되며 이것이 길이가 1인 바늘을 던질 때 직선과 만날 확률이다. 결과값 역시 이전 방법에서 구한 것과 동일하다.

바늘 문제에 대한 접근 3 – 속 편하고 성실한 접근

지금까지 뷔퐁의 바늘 문제에 대해 두 가지 서로 다른 접근 방법을 살펴보았다. 비교적 잘 알려진 절차를 차근차근 밟아가는 첫 번째 방법을 더 선호하는 사람도 있을 것이고 번득이는 아이디어가 놀랄 만한 두 번째 접근에 대해 감탄하는 사람도 있을 것이다. 그런데 실제로 바늘을 여러 번 던져 얼마나 직선 위에 걸리는지를 세면 어떨까?

좀 시간과 노력이 들긴 하겠지만 불가능한 방법은 아니다. 또한 우리는 이미 큰 수의 법칙에 대해 알고 있으므로 많이 던지기만 하면 충분히 정확한 값을 구할 것이란 것 역시 알고 있다.

그렇다고 해서 정말 일일이 손으로 바늘을 하나씩 던져 그 결과를 세는 건 우울한 일이다. 약간 더 생각을 해보면 한 개의 바늘을 한 개씩 던져 직선에 걸린 횟수를 세는 것보다 다수의 바늘을 던진 다음 몇 개가 직선에 닿았는지 세는 것이 조금 더 나은 방안인 것 같다. 그래도 아직 직접 접점의 수를 세어야 하는 건 마찬가지여서 생각만 해도 괴로운 일인 건 여전하다. 어떻게 좀 더 편한 방법은 없을까? 직선과의 접점 수를 세는 단순하지만 무수히 많이 반복해야 하는 작업을 누군가에게 대신하게 하면 좋겠다는 생각이 절로 난다.

그렇다. 우리는 이미 단순한 작업을 여러 번 반복하는 데 특화된 기계를 가지고 있는데 이름하여 컴퓨터란 것이다. 프로그래밍 언어로 작업의 순서를 지정하면 컴퓨터는 해당 작업을 곧이곧대로 행한 결과를 반환한다.

바늘의 위치는 양 끝점으로 결정할 수 있다. 먼저 한 점을 잡고 그 점이 바늘의 뾰족한 끝이라고 하자. 그리고 그 점과 직선과의 거리를 x라고 하자.

계산의 편의를 위해 직선 간의 거리는 1이라고 하고 바늘의 길이 역시 1이라고 가정하자. 또한 x가 $\frac{1}{2}$보다 큰 경우 오른쪽 직선을 선택하여 거

리를 $\frac{1}{2}$보다 작게 만들 수 있으므로 왼쪽 직선만 고려해도 일반성을 해치지 않는다.

이제 두 번째 끝점 그러니까 바늘 귀의 위치를 정하자. 바늘의 귀는 바늘 끝을 중심으로 일정한 거리 위에 임의의 위치에 존재할 수 있다. 바늘 끝을 지나는 수평선과 바늘이 이루는 각에 따라 직선과 접점을 가지는지의 여부가 결정된다. 아래 그림에서 θ_1각을 이루는 e_1의 경우는 접점을 가지고, e_2의 경우는 그렇지 않음을 확인할 수 있다.

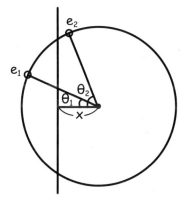

그렇다면 접점을 가지는지 판별하는 조건은 각 θ_1과 θ_2의 코사인 값을 x 값과 비교하는 것이다.

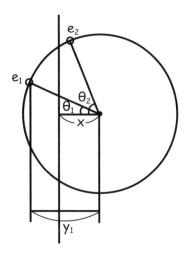

위 그림에서 바늘 귀가 e_1에 존재하면 수평선과 이루는 각은 θ1이 되고 따라서 코사인 값은 y_1가 되는데 x보다 y_1이 더 크므로 접점을 가지게 되는 것을 볼 수 있다.

아래는 Perl 프로그래밍 언어로 뷔퐁의 바늘 문제를 시뮬레이션하는 코드이다.

```perl
#!/usr/bin/perl

use strict;
use warnings;
use Math::Trig;


my $run_total = 10000;        # 바늘을 던질 전체 횟수
my $cross_sum = 0;            # 바늘이 직선에 닿은 횟수

foreach ( (1..$run_total) ){  # 1번부터 지정한 전체 횟수가 될 때까지 반복한다
    my $x = rand(1);          # 0에서부터 1까지 무작위로 x의 값을 고른다
    my $theta = rand(pi/2);   # 바늘 귀의 위치를 정하기 위해 무작위로 각도를 결정한다
```

```
    my $y = cos($theta);         # 바늘귀의 각도에 대한 코사인 값을 구한다.

    if($x - $y < 0){             # x값보다 y값이 작다면
        $cross_sum ++;           # 바늘이 닿은 횟수를 증가시킨다
    }
}
printf "cross/total: %d / %d = %f %f\n", $cross_sum, $run_total, $cross_
sum/$run_total, 2/pi - ($cross_sum/$run_total);
```

위 코드를 실행시킨 결과는 다음과 같다.[*]

```
cross/total: 6335 / 10000 = 0.633500 0.003120
```

앞서 두 접근에서 도출된 값($\frac{2}{\pi}$, 즉 약 0.6366)과 상당히 유사한 것을 확인할 수 있다. 더욱 가까운 근사값을 구하기 위해서는 어떻게 해야 할까? 그건 어렵지 않다. 컴퓨터가 바늘을 더 많이 던지도록 $run_total의 값을 더 크게 조정하면 된다. 아래는 바늘을 던지는 수를 늘릴 때 얻을 수 있는 근사값이다.

바늘을 던진 횟수 ($run_total)	근사값	오차
100000	0.634080	0.002540
1000000	0.636397	0.000223
10000000	0.636524	0.000096

* 무 작위 함수(rand)를 사용하였으므로 매번 시행 시마다 조금씩 다른 값이 나오게 된다.

편하고 강력하다. 그렇지 않은가?

솔직히 말해 첫 번째 접근은 삼각함수의 역함수를, 또 적분을 해야 하는 등의 복잡한 과정이 필요했고, 두 번째 접근은 저런 생각을 해내는 게 보통 사람이 가능한 것인가 싶을 정도로 쉽게 와 닿지 않는다. 그런데 그냥 컴퓨터에게 실제로 일을 시키고 결과를 기다리기만 하면 되니 이 방법만 쓰면 많은 일을 할 수 있을 것이라는 왠지 모를 자신감이 솟아난다.

그런데 이러한 접근을 할 때 잊지 말아야 하는 점이 있다. 그것은 수치 계산을 실제로 사람의 손으로 하든 컴퓨터 시뮬레이션을 통하든 결국 이렇게 구할 수 있는 것은 근사값이란 점이다. 위 문제에서도 바늘을 던진 횟수를 증가시키면 오차를 줄일 수 있지만 π값 자체가 무리수이기 때문에 오차를 0으로 만들 수는 없음을 인정해야 한다.

이번 장에서 우리는 합리적인 선택을 실행하기 위해 수학적인 구조와 논증을 사용하여 일상의 사건을 해석해 보았다. '엘리베이터에서 배우자 고르기'의 예에서 본 것처럼 수학적인 해결책을 적용하려면 실생활의 요소를 반영해서 추상적인 모델로 재구축하는 과정이 필요했다. 그런데 이와 같은 일종의 변형 과정에서 실생활의 요소가 가진 원래의 의미가 어느 정도 훼손되는 것은 피할 수 없으며 또한 미래에 영향을 미칠 가능성이 있는 요소를 모두 미리 찾아내기는 불가능하기 때문에 주요하다고 믿고 선택한 일부 요소를 대상으로 모델링을 할 수밖에 없는 한계가 있다.

이러한 연유로 우리가 수학적인 구조와 논증을 거쳐 도출한 결론이 실생활의 사건에 대한 해결책이라고 성급하게 판단하지 말아야 한다. 우리의 결론은 우리가 수학적으로 표현 가능하게 재구축한 모델상에서 귀결을 이끌어낸 것이기 때문이다. 따라서 실생활을 우리의 모델이 얼마나 충실하게 반영하였는지의 여부에 따라 우리의 해답이 정말 실생활의 문제에서도 적용할 수 있는지 결정된다.

수학적인 모델링이 용이한 실생활 사건의 대표적인 사례로 도박이 있다. 뷔퐁의 바늘 문제에 대한 세 가지 접근은 현실 문제를 해결하는 다양한 수학적인 해결 방법의 아름다움을 보여준다.

바늘 문제에 대한 해답에 π가 들어 있다는 것을 기억할지 모르겠다. 정확히는 $\frac{2}{\pi}$인데 세 번째 접근 방식이 바늘을 여러 번 던지면 던질수록 오차가 작아진다는 것을 고려해 보면 우리는 π의 값을 원하는 정밀도만큼 구할 수 있는 방법을 찾아낸 것이기도 하다. 아래는 앞서 구해본 바늘 문제의 근사값과 그 값에 의한 π값에 대한 근사값을 나타낸 것이다.

바늘을 던진 횟수	$\frac{2}{\pi}$에 대한 근사값 (A)	π에 대한 근사값 ($\frac{2}{A}$)	π 값과의 차이 ($\pi - \frac{2}{A}$)
100000	0.634080	3.154176129	0.012583476
1000000	0.636397	3.142692376	0.001099722
10000000	0.636524	3.142065342	0.000472689

Chapter 8

합리적인 선택을 위해 해야 할 일

학생들은 대개 인쇄한 활자를 읽으라고 주면 그 내용을 무조건 신뢰해 버린다.
그래서는 설사 읽은 내용을 모두 기억한다고 하더라도 단순한 암기에 지나지 않는다.
그렇게 공부하면 과학적으로 사고하지 못하고 경험에만 기대어 그저 흉내밖에 낼 줄 모르는
꽉 막힌 사람, 틀에 박힌 사람이 될 뿐이다. 단지 책에 쓰였다는 이유만으로
그 내용이 곧 진실이 되는 것은 아니라는 사실을 알아야 한다. 독자 자신의 이해라는 시험에
통과했을 때만 그 내용을 자기 것으로 받아들여야 한다.
– 조지 스웨인, 『How to Study』[*]

데이터 시각화

앞서 6장에서 1983년부터 1994년까지 고랭지 배추 가격을 표로 만들어
살펴본 바 있다.

연도	7월	8월	9월
1983	129	198	176
1984	103	178	305
1985	105	204	210
1986	67	147	139
1987	177	274	254
1988	230	298	166
1989	93	169	316

[*] 조지 스웨인 〈공부책 나머지 반은 어떻게 생각할까?〉, p28, 도서출판 유유, 2014

1990	338	663	465
1991	284	483	477
1992	127	345	474
1993	215	301	311
1994	800	800	819

숫자만을 나열하는 경우 한눈에 어떠한 경향성이나 상관관계를 찾기가 쉽지 않다. 이때가 데이터 시각화가 그 힘을 발휘할 때다.

아래는 마이크로소프트사의 엑셀 프로그램을 사용하여 7월 배추 가격을 연도별 그래프로 나타낸 것이다.*

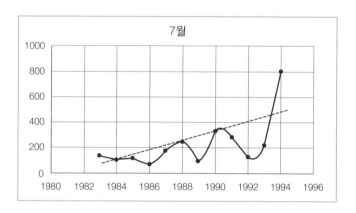

숫자의 나열로는 잘 보이지 않던 전반적인 경향성을 찾을 수 있다. 또한 주어진 데이터를 가장 잘 나타내는 추세선을 그린 후 확장함으로써 우리가 가지고 있지 않은 데이터 값을 예측할 수도 있다. 7월 그래프의 추세선을 오른쪽으로 더 확장하면 1995년도 7월의 고랭지 배추 가격이 대략

----

* 예제로 사용한 엑셀 파일은 http://endofhope.com/data/cabbage.xlsx에서 다운로드할 수 있다

400원에서 500원 사이에서 형성될 것이라고 예상하는 것이 적절해 보인다. 축하한다. 방금 우리는 데이터를 시각화하여 미래를 예측했다. 따라서 이제 추세선만 잘 결정할 수 있으면 된다.

주어진 데이터를 가장 잘 설명하는 함수, 즉 가장 적절한 추세선을 찾는 것은 회귀 분석의 주요한 주제가 된다. 아쉽지만 우리는 이쯤에서 멈추기로 하자. 왜냐하면 회귀 분석을 충분히 설명하기 위해서는 또 다른 책 한 권의 분량이 필요하기 때문이다. 조금 더 자세한 내용을 원한다면 회귀 분석을 전문적으로 다룬 책을 참조하기 바란다.

덧붙여 1995년도 고랭지 배추 가격이 정말 얼마였는지 알아보기로 하자. 우리가 예상했던 400~500원대였을까? 그 결과는 다음 표를 보자.

연도	7월	8월	9월
1983	129	198	176
1984	103	178	305
1985	105	204	210
1986	67	147	139
1987	177	274	254
1988	230	298	166
1989	93	169	316
1990	338	663	465
1991	284	483	477
1992	127	345	474
1993	215	301	311
1994	800	800	819
1995	**348**	**703**	**1,148**

7월분 배추 가격은 348원으로 1994년 7월에 비해서는 폭락했지만 그래도 예상했던 400원대보다 약간 작은 수준이다. 한 달이 지난 후인 8월분은 703원으로 한 달 사이에 갑자기 두 배가 넘게 올라 작년 가격대를 따라잡았다. 마지막으로 9월은 1,100원대를 넘어 역대 최고가를 경신했다.

앞서 추세선을 그릴 때만 해도 대충 비슷하게나마 1995년도 가격을 예상할 수 있으리라는 기대가 있었을 것이다. 예상과 다른 결과에 실망했을지도 모르겠다. 왜 이런 결과가 나타났을까? 그리고 이렇게 부정확한 결과는 데이터에 기반한 예측도 별 것이 아니라는 것을 입증하는 것이 아닐까?

그렇지 않다. 여기서 우리가 가격 예측을 위해 고려한 요소가 과거 가격 추이밖에 없었다는 것을 생각해 보자. 배추 가격에 영향을 미치는 것이 과연 지난해 가격밖에 없었을 리가 없다. 강우, 이상고온 등의 기상 조건도 있을 것이고 작년 생산 비축 물량도 영향을 미칠 수 있다. 그뿐 아니라 배추 김치에 대한 선호 역시 변할 수 있으니 수요 자체에도 변동성이 존재한다. 그러므로 과거 가격 추이만으로는 미래의 가격을 충분히 설명할 수 없다.

따라서 배추 가격에 대한 예측이 잘 되지 않은 것에서 우리가 얻을 교훈은 데이터에 기반한 예측도 별 볼일 없다는 것이 아니라 결과에 영향을 미치는 요소를 가능한 다 복합적으로 고려해야만 예측의 정확도를 높일 수 있다는 것이라 하겠다.

이제 1995년도 가격 조건을 추가하여 다시금 추세선을 그려 보기로 하자.

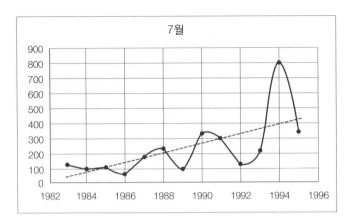

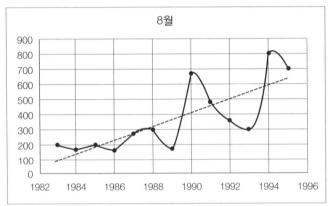

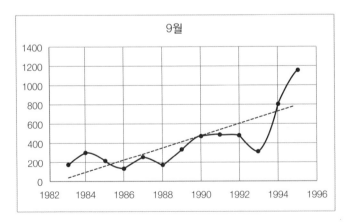

이렇게 다시 그려보고 나니 왠걸 또 추세선과 비슷하게 데이터가 분포하는 것 같기도 할 것이다. 하지만 이것은 추세선이란 것 자체가 기존에 가진 데이터를 최대한 잘 설명하는 그래프란 점에서 볼 때 1995년도 데이터까지 포함하여 그린 추세선에서는 1995년도 데이터가 전혀 이상하지 않게 보이는 것도 당연하다고 하겠다. 다만 1996년도 데이터가 1995년도까지 데이터로 그린 추세선과 얼마나 일치할 것인지는 보장하지 않을 뿐이다.

합리적인 선택을 위하여

지금껏 우리는 여러 가지 데이터에 기반한 선택에 대해 살펴보았다. 특히, 잘못된 선택으로 판명된 여러 사례에 대한 분석을 통해 우리가 합리적인 선택을 하기 위해서는 무엇이 필요하고 또 어떤 것은 피해야 하는지 스스로 판단하는 데 도움이 될 여러 기준에 대해 알아보았다.

이제, 우리가 앞으로 선택의 상황에 처할 때 도움이 될 수 있는 몇 가지 실천적인 전략을 제안하고자 한다.

첫째, 어떤 주장에 대해 그 논거가 일화적 증거라면 그것에 의거하여 판단을 내리면 안 된다. 어떤 일이 한 번 일어났다고 해서 다음에도 그 일이 일어날 것으로 기대하면 안 된다는 말이다. 동네 사람이 1등에 당첨되었다는 소식을 듣고서 나도 될 것이란 생각에 복권을 사러 갈 마음이 든다면 그 소식을 듣기 전과 듣고 난 후 내가 당첨될 확률이 바뀌었는지에 대해 생각해 보자.

둘째, 숫자, 특히 통계 수치를 받아들일 때 복잡하고 길면 길수록 이것의 의미를 다시금 확인해 볼 필요가 있다. 우리는 복잡한 수치를 좋아하지 않는다. 따라서 설득을 목적으로 작성된 보고서에 과도한 수치 정보를 나열하고 있는 것은 우리에게 그 내용을 이해시키는 데 도움이 되지 않는다. 그럼에도 불구하고 주장의 근거로 의미가 불분명한 수치가 길게 나열되었다면 보고서를 작성한 당사자 스스로가 그 의미에 대해 잘 모르고 있거나 우리에게 더 이상 생각하지 말고 그냥 받아들이게 하려는 의도가 깔려 있다고 봐야 한다.

셋째, 표본에 대한 조사만으로도 전체 모집단의 특성을 알아낼 수 있다는 것은 통계학이 우리에게 준 축복이다. 하지만 표본 추출은 매우 어려운 일이다. 4장에서 왜 여론조사가 그렇게 잘 맞지 않는지에 대해 살펴본 바 있다. 편향된 표본으로는 왜곡된 결과만이 나오며 요즘에는 통계학의 축복이 오히려 우리를 짓누르는 부담이 되곤 한다.

넷째, 과거와 현재를 아무리 잘 설명하는 모델이라고 해서 미래가 그에 맞춰 움직인다고 생각하면 안 된다. 6장에서 언급한 바와 같이 금융위기가 터지기 전까지 금융 모델은 지나치게 잘 동작해서 운용하는 곳마다 돈다발을 안겨 주었다. 하지만 거의 일어나지 않는다고 가정하여 고려하지 않았던 사건이 발생하면서 모든 기반이 허물어져 내렸다는 것을 기억하자.

마지막으로 사람이 하는 일이면 그 어떤 경우에도 자기의 이익을 위한 의도가 있을 것이라고 간주하고 접근하자. 5장에서 살펴본 바와 같이 과학 논문의 실험마저도 의도적으로 충분히 왜곡된 결과를 만들어 낼 수 있다. 우리는 모두 본인이 잘 되는 것이 가장 중요하다고 생각한다. 따라서 정도의 차이가 있을지언정 누구나 그렇다고 생각해야 한다. 누군가의 주장을 대할 때 주장하는 자의 이익은 무엇인가를 고려하고 판단하도록 하자.

자전거를 타기 위해서는 자전거의 구조에 대한 지식, 균형 감각, 페달을 밟는 힘 등에 관해 아는 것도 필요하지만, 자전거를 타려면 실제로 자전거 안장에 올라 앞으로 나아가는 경험을 쌓아야 한다. 당연히 종종 넘어져 무릎이 깨지기도 하겠지만 실패를 두려워해서 자전거 안장에 오르지 않으면 자전거는 영원히 탈 수 없다.

데이터에 기반한 선택도 이와 같다. 우리가 어제보다 나은 오늘을 살기 위해서는 단순히 지금까지 살펴본 여러 선택에 대한 지식을 외우고 익히는 것만으로는 부족하다. 일상에서 만나는 여러 상황을 해결할 때 반드시 데이터에 기반한 합리적인 선택을 하기 위해 노력하는 습관을 기르는 것이 무엇보다 중요하다. 일상의 사건을 데이터로 만들어 분석할 때 도움이 될 몇몇 프로그램을 소개하면서 선택에 대한 이야기를 이쯤에서 마무리하려 한다.

앞으로도 계속 좋은 선택을 하기 바란다.

데이터 분석 도구

마이크로소프트웨어 엑셀(https://products.office.com/ko-kr/excel)

대표적인 스프레드시트 프로그램이다. 워낙 대중적으로 잘 알려진 터라 오히려 과소평가된 점이 없지 않다. 우리가 일상에서 얻어내는 대부분의 데이터를 충분히 처리할 수 있는 능력을 가지고 있을 뿐 아니라 별다른 프로그래밍 없이 GUI상의 조작만으로 다양한 데이터 시각화를 제공하는 점에서 독보적인 가치를 지니고 있다.

GNU Plot(http://www.gnuplot.info/)

오픈 소스 시각화 프로그램이다. 텍스트 형식으로 정리된 자료를 간단한 명령 형식을 사용하여 시각화하는 데 특화되어 있다. 데이터의 양이 커져서 엑셀 프로그램에 붙여 넣고 시각화 그래프를 만드는 것이 조금씩 버거워질 때 대체제로 사용할 수 있다.

Perl(https://www.perl.org/)

범용 프로그래밍 언어의 일종이다. 앞선 엑셀이나 GNU Plot는 이미 잘 정제된 데이터를 받아들인 후 그 데이터에 대한 분석과 시각화를 잘 하는데 초점이 맞춰져 있다. 하지만 데이터 분석은 비 정형적인 데이터를 정제하는 것에서 시작하며 실제로 이 과정이 가장 큰 시간과 노력을 차지한다. 어느 정도 본격적인 데이터 분석을 하기 위해서는 문자열 처리에 특화된 프로그래밍 언어가 필요해지는 때가 오게 되며 이때 대표적인 문자열 처리 프로그래밍 언어인 Perl을 고려해 볼 수 있다.

Python(https://www.python.org/)

Perl과 같은 범용 프로그래밍 언어다. 데이터 분석을 위한 각종 모듈이 잘 갖춰져 있고 데이터 정제부터 분석까지 하나의 언어로 구축할 수 있어 많이 쓰이고 있다. 특히 AI로 통칭되는 머신러닝 분야의 라이브러리는 대부분 Python을 기본적으로 지원하고 있다.

R(https://www.r-project.org/)

전문적인 통계 프로그래밍 언어다. 지금까지 알려진 대부분의 통계적 처리에 대한 패키지를 가지고 있다. 뿐만 아니라 다양한 통합 개발 환경을 선택할 수 있으며 전문적인 시각화 패키지 역시 쉽게 사용할 수 있다.

Tensor Flow(https://www.tensorflow.org/?hl=ko)

전문적인 머신러닝 시스템이다. 오픈 소스로 공개되어 있으며 대부분의 머신러닝 알고리즘을 내장하고 있어 다양한 시도가 이를 사용하여 진행되고 있다.

수학기호

계승, Factorial

계승은 숫자 뒤에 '!'를 붙여 나타내며 $n!$은 1부터 n에 이르는 자연수를 모두 곱한 것을 의미한다. 따라서 3!은 "삼 팩토리얼"이라고 읽으며 $1 \times 2 \times 3 = 6$을 뜻한다.

$n!$은 n개를 순서대로 나열하는 방법을 의미하기도 한다. 예를 들어 A, B, C 세 사람이 줄을 선다고 하자 그러면 줄을 서는 방법은 여섯 가지가 가능하다.

A	B	C
A	C	B
B	A	C
B	C	A
C	A	B
C	B	A

이 여섯 가지 경우는 다음과 같이 생각할 수 있다.

– 세 사람을 차례로 줄을 세운다고 하자.

– 첫 번째 자리에 올 수 있는 사람은 세 명이 모두 가능하다.

– 두 번째 자리에 올 수 있는 사람은(첫 번째 자리에 온 사람을 제외한) 두 명이 가능하다.

– 마지막 세 번째 자리에 서야 하는 사람은 이미 결정되어 있다.

– 따라서 세 사람이 줄을 설 수 있는 경우의 수는 $3 \times 2 \times 1 = 6$이며 3!이다.

조합, 컴비네이션, Combination

조합은 $\binom{n}{k}$로 쓰며 n개 중에 k개를 순서에 상관없이 선택하는 방법을 의미한다. $\binom{n}{k} = \dfrac{n!}{k!(n-k)!}$ 로 계산할 수 있다. 왜냐하면 n개 중에 k개를 선택하려면 다음과 같은 경우의 수가 생긴다.

- 첫 번째 자리에는 n개가 모두 올 수 있다.
- 두 번째 자리에는(앞서 첫 번째 자리에 들어온 것을 제외한) $n-1$개가 가능하다.
- 이런 식으로 k번 반복하면 마지막 k번째 자리에는 $n-k+1$개가 올 수 있다.

그러므로 $n \times (n-1) \times \cdots (n-k+1)$개의 경우의 수가 되는데 그런데 여기서 선택한 k개는 선택한 순서와 상관이 없어야 하므로 k개를 순서대로 배열할 경우의 수인 $k!$로 나누어야 한다. 따라서 결국 $\dfrac{n \times (n-1) \times \cdots (n-k+1)}{k!} = \dfrac{n!}{k!(n-k)!}$가 된다.

평균

일반적으로 평균은 산술 평균을 의미한다. 산술 평균은 모든 항을 더한 후 항의 개수로 나눈 값으로 정의한다.

$$\mu = \frac{a_1 + a_2 + \cdots a_n}{n} = \frac{1}{n} \times \sum_{k=1}^{n} a_k$$

편차

각 항에서 평균을 뺀 값을 의미한다. 따라서 항이 평균보다 작으면 음수가 될 수 있다. 또한 편차를 모두 더하면 0이 된다. 각 항이 평균에서 얼마나 떨어졌는지를 의미한다.

$$\text{편차} = a_k - \mu$$

$$\text{편차의 합} = \sum_{k=1}^{n}(a_k - \mu) = \sum_{k=1}^{n} a_k - \sum_{k=1}^{n} \mu = n \times \mu - n \times \mu = 0$$

분산, 표준 편차

항이 평균에서 멀어진 정도를 나타내기 위해 편차를 제곱하여 양수로 만든 후 다시 평균을 취한 값을 분산이라고 한다.

$$\text{분산 } s = \frac{1}{n} \times \sum_{k=1}^{n}(a_k - \mu)^2$$

표준 편차는 분산에 제곱근을 씌워 차수를 낮춘 값이다.

$$\sigma = \sqrt{s}$$

철학자 김태길 선생은 수필 『글을 쓴다는 것』에서

"글이란, 체험(體驗)과 사색(思索)의 기록(記錄)이어야 한다. 그리고 체험과
사색에는 시간(時間)이 필요하다. 만약 글은 읽을 만한 것이 되어야 한다고
믿는다면, 체험하고 사색할 시간의 여유(餘裕)를 가지도록 하라. 암탉의 배
를 가르고, 생기다 만 알을 꺼내는 것은 어리석은 일이다. 따라서 한동안 붓
두껍을 덮어두는 것이 때로는 극히 필요하다. 하고 싶은 말이 안으로부터
넘쳐 흐를 때, 그때에 비로소 붓을 들어야 한다."

라고 말하며 스스로 이해하지 못한 말을 꾸며내어 쓰는 것은 잘못임을
명백히 한 바 있다.

이 글을 쓰면서 항상 이를 마음에 담고 최대한 잘 이해한 것만을 정확히
전달하려 노력했다. 하지만 글쓴이의 능력이 부족하여 충실한 설명이 되지
못한 부분이 있을 수 있다. 독자 여러분의 양해를 미리 구하며, 앞으로 좋
은 선택을 하는 데 이 책이 조금이나마 도움이 되었기를 바라 마지않는다.